JN409299

5년의 뜨거웠던 삶

현 대 수 필 가 1 0 0 인 선❷ · 26

5년의 뜨거웠던 삶

정광애 수필선

수필과비평사 · 좋은수필사

■ 책머리에

수필은 누구나 부담 없이 읽고, 마음만 먹으면 직접 쓸 수도 있는 가장 친근한 문학이다. 다른 영역의 문학이 영상매체에 밀려 신음하고 있는 중에도 수필 인구만은 날로 증가하여 바야흐로 수필 전성시대를 구가하고 있는 이유도 거기에 있을 것이다.

시대적 추세에 힘입어 수많은 수필전문지, 수필동인지가 창간되고, 이에 비례하여 신진 수필가도 날로 늘어나다 보니 이제는 그 많은 작가, 그 많은 작품 중에서 문학성 높은 작품을 가려 읽는 일이 쉽지 않게 되었다. 이런 현상은 작가에게나 독자에게나 결코 바람직한 일이 아니다. 더 나아가서는 수필을 연구하는 후세들에게도 큰 부담이 될 것이다.

이런 문제를 해결하는 데는 출판인도 마땅히 한몫을 감당해야 한다는 평소의 소신에 따라, 본사가 기꺼이 그 역할을 맡기로 했다. 그 첫 번째 사업으로 시대를 대표할 만한 수필가 100인을 선정하고, 작가가 자선한 40편 내외의 작품을 수록한 문고본을 발간하여 이를 널리 보급함으로써 그 소임을 다하고자 한다.

본사는 사명감을 가지고 이 사업을 추진해 나가기로 했다. 작가 선정을 전담할 편집위원회를 구성하고 전권을 위임하여 일체의 사적인 정실이나 청탁을 배제함으로써 전문성과 공정성을 확보해 나갈 것이다.

따라서 이 기획물 속에는 작가의 문학정신뿐만 아니라, 본사의 문학사적 기여 의지와 편집위원 제위의 수필문학에 대한 애정과 문인으로서의 양심이 함께 담겨 있음을 자부한다. 다만, 작가를 선정하는 기준에는 많은 견해의 차이가 있을 수 있고, 선정 과정에서도 미처 챙기지 못한 부분이 있을 것이라는 사실만은 인정하지 않을 수 없다. 이 점에 대해서는 관계자 여러분의 양해 있으시기 바란다.

이 시리즈의 발간 순서는 작가, 또는 본사의 사정에 의한 것일 뿐 그 밖의 어떤 기준도 적용하지 않았음을 밝힌다.

본 기획물이 시대를 초월한 많은 수필 애호가들의 관심과 애정 속에 우리나라 수필문학 발전에 한 이정표가 되기를 바랄 뿐이다.

본사에서는 이상과 같은 취지로 『현대수필가 100인선』 전 100권을 완간하여 큰 반향을 불러일으킨 바 있다.

그러나 우리 수필문단의 규모나 수필문학의 수준에 비추어 선정 작가를 100인으로 한정하는 것은 형평성이나 효율성 면에서 크게 부족하다는 의견이 많았고, 본사 또한 이를 통감하던 터라 기꺼이 『현대수필가 100인선 Ⅱ』를 발간하기로 했다.

본사의 충정에 찬동하여 출판에 응해주신 저자 여러분에게 감사한다.

2014년 9월

수필과비평 · 좋은수필 발행인 서정환

현대수필가 100인선 간행 편집위원 박재식 최병호

정진권 강호형

오세윤

| 차례 |

1_부

2_부

3_부

4_부

마지막 자취

산책길이 그립다

동해東海로 간 아이

그들이 손(手) 이야기

향을 말하다

게으름에 대하여

좀 더 느긋하게

가을이면 고향에 가고 싶다

아름다운 빛깔

망각과 소실

마지막 자취

이른 아침 아래층으로부터 잦은 발자국 소리가 소란스러웠다. 무슨 일인가 싶어 창밖을 내려다보았을 땐 이삿짐이 하나 둘씩 나오고 있는 중이었다. 아무래도 김 노인네 짐 같았다.

김 노인은 보이지 않고 낯선 이들만 부산하다. 집을 진즉부터 내 놓은 걸 알고 있었지만 빨리 이사 가게 되어 다행이다 싶어, 인사도 할 겸 아래로 내려갔다. 그보다는 이젠 정말 아들네로 들어가게 됐는지 그 점이 더 궁금했다.

집안을 들락거리는 사람은 많았으나 아는 얼굴은 없었다. 아는 얼굴이라야 김 노인과 언젠가 먼빛으로 본 큰아들 내외뿐이지만 혹시나 하고 현관을 향해 조심스레 인기척을 냈다.

"할아버지 안 계세요?" 아무 대답이 없었다. 다시 한 옥타브를 높였다.

"할아버지 이사 가세요?" 얼마쯤 지났을까 젊은 여자가 상반신을 삐죽 내밀더니 한마디 했다.

"우리 할아버지요? 나흘 전에 돌아가셨어요." 순간 가슴에서 뭔가 덜컥 내려앉으며 온몸에 찬기가 돋았다.

"아니 정정하셨는데…."

"뺑소니차에 치여 가셨어요."

그동안 홀로 외롭게 살다 간 김 노인의 삶이 시리게 다가왔다.

김 노인네와는 여러 해 동안 이웃사촌으로 지내오던 터였다. 번듯한 아들자식이 둘씩이나 있다는데 팔순이 넘은 두 부부만 따로 살고 있었다.

김 노인 내외는 나이에 비해 정정하고 부지런했다. 한시도 몸을 그대로 두지 않았고 늘 일거리를 찾았다. 새벽부터 일어나 마당이며 골목길까지 두루 청소하는 것으로 하루를 시작했다. 그 일이 끝나면 습관처럼 김 노인은 자전거를 끌고 폐품 수집을 하러 나갔다. 아침나절 자전거에 싣고 온 그것들을 마당 가득 펼쳐 놓는다. 종이상자와 빈 병, 그리고 갖가지 잡동사니를….

할머니는 그 일에 대해 몹시 못마땅해 했다. 당신 보기에 쓸데없는 것들이 다른 날보다 많이 들어온다 싶으면 어김없이 지청구가 길어진다. 하지만 할머니의 불평에도 아랑곳하지 않고 하루도 거르는 법이 없다. 그러나 그런 영감님의 행동에 불만을 나타내는 것도 잠시뿐, 언제 그랬냐는 듯이 머리를 맞대고 거드는 것을 보면 노부부 사는 모습이 아이들 소꿉놀이 같아 웃음이 나온다.

그렇게 티격태격하면서도 오붓하게 살던 두 내외가 이사 와서 삼 년째 되던 해, 할머니가 김 노인만 남겨둔 채 그만 먼저 세상을 떠났다.

갑자기 홀로 남은 김 노인은 아들네와 곧 합칠 것 같았지만 그대로 혼자서 지냈다. 아들들이 언제쯤이나 아버지를 모셔가나 고대해 보았지만 그런 낌새는 보이지 않았다. 만날 때마다 혼자 계시지 말고 아들네로 들어가는 것이 좋지 않겠느냐고 권해 봤지만, 이제 가야지 가야지 하면서 벌써 여러 해가 지나갔다. 그러나 자식들에 관해서는 가타부타 말이 없었다. 혼자서 어떻게 지내시나 이웃들은 그저 안쓰러움만 가지고 지켜볼 뿐이었다.

김 노인은 어느 날부턴가 하루 한 번씩 해오던 폐품수집을 세 차례씩 하고 있었다. 허전함을 달래기 위함이었을까 거의 하루 종일을 폐품 속에 묻혀서 보냈다. 수거량도 예전보다 많았고 잔뜩 주어온 물건들을 모두 풀어서 어지럽게 늘어놓았다.

집 마당은 고물 만물상이었다. 그러나 그런 모습을 보면서도 한 집에 사는 어느 누구도 불평 한마디 하지 않았다. 동네에선 혹 치매 아니냐며 수근대기까지 했다. 어쩌다 정말 지나치다 싶을 땐 슬그머니 그런 생각이 들 때도 있었지만, 김 노인 처지로 보아 그런 모든 행동은 분명 외로움을 달래기 위한 시간 메우기 같아 보였다.

이웃의 걱정스런 우려에도 여전히 김 노인 자전거엔 많은 폐품이 실려 있었고, 그때마다 조금씩 가지고 다니시라고 말리지만 괜찮다며 손사래를 쳤다.

"이래봬도 내가 젊은 시절엔 씨름선수였어."

당신의 지나간 옛 경력을 수십 번 자랑하며 이것쯤은 아무것도 아니라는 식이었다. 하지만 보는 사람은 불안했다. 사고를 당하던 날도 이른 아침 폐품을 싣고 집에 돌아오는 길이었다는데 그만 뺑소니차에 치었다는 것이다. 수없이 자랑하던 옛 경력도 달려드는 차엔 어쩔 수가 없었나보다.

김 노인의 긴 외로움은 그렇게 끝이 났다.

담 귀퉁이에서 일을 하고 있는 김 노인 모습이 자꾸만 눈앞에 어른거린다. 항상 등을 보이고 앉아 일하는 뒷모습에는 홀로 된 노인의 적막감과 쓸쓸함만이 감돌았다. 그러면서도 자식에 대한 서운함이라든가 그 어떤 말도 꺼내지 않았던 김 노인 심정을 그들은 짐작이나 할까?

옛날 말에 집안에 노인이 없으면 꾸어서라도 모셔오라는 말이 있다. 그만큼 노인의 권위와 지혜를 소중히 여기라는 뜻이리라. 그런데 존경받기는커녕 귀찮은 존재로만 생각되고 있는 게 이즈음 세태다. 과연 현대사회에서 부모와 자식 간의 관계는 무엇인지….

마당에 즐비하게 나와 있는 낡은 짐들이 외롭게 살아 온 노인의 삶을 말해주는 것만 같다. 보따리마다에 묶여진 옷가지며, 때 자욱이 낀 이부자리며, 부엌살림들이 거침없이 쓰레기봉투에 넣어졌다. 그리고 노부부와 같이 했던 장롱도 마구 부서졌다. 문짝이 떼어지고 서랍이 던져지고 묵직한 망치로 두들겨 맞더니 볼 품 없는 나무 조각으로 변했다.

평소 김 노인은 남들이 버린 하찮은 것도 소중하게 주워왔다. 그런데 이런 광경을 본다면 뭐라고 할까? 생전엔 무척이나 아꼈던 것들이었건만 이젠 모두가 쓰레기에 불과했다.

그 후 며칠이나 지났을까? 큰길 건널목 입구에 현수막 하나가 걸렸다.

목격자를 찾습니다.

×월 ×일 아침 5시에서 6시 사이 할아버지가 노란 자전거를 타고 가다 승용차에 치었음. 보신 분은 꼭 연락 바랍니다. 사례하겠음.

연락처 전화 ×××-××××

아무도 알 리 없는 김 노인의 기구한 사연이 마지막 자취로 남아있다. 스산한 바람이 잠시 그곳에 머물다 간다.

산책길이 그립다

운동할 양으로 모자를 챙겨 쓰고 워킹화를 신고 집 앞 산책로로 나간다. 딸이 첫아이를 출산하고 몇 달을 집에 와 있었다. 지난겨울을 보내고 어떻게 새봄을 맞이하고 보냈는지 기억도 나지 않는다. 몸이 그만큼 바빴다.

짧은 산책로지만 흙길이고 숲이 우거져 걷기엔 안성맞춤이다. 두 해 전에는 구청에 민원이 들어가 앉아서 쉴 긴 의자도 들어오고 몇 가지의 간단한 운동기구도 설치되었다. 왕복으로 한 시간 남짓 걷는데 참 소박하고 수수한 길이다.

오늘 집 거실 창문으로 그 길을 내려다보며 뚜렷한 사계절의 변화를 본다. 헐벗은 나무들에서 연둣빛 여린 나뭇잎이 보일 듯 말듯 하더니 어느새 녹색으로 우거져 이제는 걷는 사람들이 보이지 않는다.

산책길은 여전하다. 연둣빛과 초록빛이 어우러진 나무들에게 해찰을 안 할 수가 없다. 자연히 걸음도 느려진다. 아침도 아니고 한낮도 지났는데 새들이 온갖 소리를 지르며 지껄여댄다. 새들 나름 무슨 말일 텐데, 필경 무슨 연유가 있을 것 같아 소리 나는 쪽을 오래 쳐다보기도 한다.

반대편에서 지팡이를 짚고 힘겹게 할머니 한 분이 걸어오고 있다. 예전부터 가끔 만나는 눈인사 정도 나누던 분이시다. 그냥 눈인사만 할까 망설이다 그날은 말을 건넸다.

"안녕하세요? 건강하시죠?"

"네, 건강합니다. 오랜만에 나오셨네."

처음 듣는 목소리가 인자하다. 오랜만이란 걸 보니 그동안 이 길을 계속 걸었음을 짐작해본다. 몸 한쪽이 조금 불편하지만 주름진 얼굴에 아기같이 웃는 모습이 맑다. 인사 건네기를 잘했다는 생각이 문득 들었다. 적당한 바람, 싱그러운 초여름의 숲, 그리고 이름 모를 새소리, 흙냄새, 자연은 우리의 오감을 통해 마음을 한없이 너그럽게 하는 것 같다.

걸으며 매번 보는 나무들이지만 이름을 아는 것들이 별로 없다. 그저 소나무와 벚나무, 단풍나무 정도다. 이름표를 달아 주었으면 좋을 텐데 하며 희망사항으로만 품고 있다.

오랜만의 산책길 외출이라 그럴까? 새삼스럽게 숲의 모든 것이 아름다워 보인다. 이 아름다움이 한때라는 것을, 또 곧 지나가리라는 것을, 그래도 지금 이 순간에 내가 존재하고 있다는 사실이 무작정 좋고 알 수 없는 고마운 마음이 막 절로 생긴다.

일산으로 이사 오면서 운동이라는 이름으로 이 산책로를 수시로 걸었고 때로는 엉킨 마음이 풀어달라고 신호를 보낼 때 계절에 무관하게 이 길로 나왔다. 소로는 늘 걸은 만큼 글을 썼다는데 그래도 글을 쓴다는 나는 그런 상상은 너무도 멀고 니체가 걷기에서 얻는 문득과 발견함에 만족하기로 한다.

산책로는 예나 지금이나 봄의 향기도, 여름의 초록도, 가을 빛깔의 향연도, 회색 겨울의 날카로운 바람이 없어도, 그저 흙길과 햇살, 신선한 공기만 있으면 그만이다.

사람은 그런 산책로를 걸으면서 세상의 부대낌도 마음의 상처도 약화되는 몸도 위안 받으며 서서히 치유되어 간다. 두발로 사유하며 자신을 정화하며 통찰하는 훈련의 시간을 갖는 것이다. 그래서 유럽인들은 산책을 삶의 필수적인 습관으로 생각하는 것일까?

언제부턴가 고층 아파트가 올라가고 복잡한 교통난 속에 도시는 차들로 넘치고 땅 밑에는 거미줄 같은 지하철로 사람들이 넘치고 흙을 밟고 걷는 시간도 점점 줄어가고 있다.

가끔 생각한다. 일상이 차 속에서, 설사 걷는다 해도 차 타기 위한 짧은 도보, 그리고 지하차도나 계단, 소음과 찌든 공기 속에서 무슨 사색이며, 성찰의 시간을 갖는다는 것은 꿈도 못 꿀 일이라는 것을, 그래서 사람들의 정서는 메말라가고 세상은 각박해지는지도 모른다는 것을….

잠시 의자에 앉았다. 코끝을 스치는 바람에서 어린 날 맡았던 냇물 냄새가 난다. 한 바퀴 돌아오는 할머니가 내 옆에 앉았다.

"얼마나 걸으셔요?"

"많이 못 걸어요. 앉은뱅이 될까봐 날마다 조금씩이라도 걷는데 이것도 못 걸을 때가 많아요. 이렇게라도 움직일 수 있다는 것이 얼마나 감사한지 몰라요. 바람이 참 좋지요?"

"아, 그래요 건강하시네요."

지팡이를 짚고 걷는 모습이 늘 불안해보였고 눈에 보이는 대로 건강해 보이지는 않지만 할머니의 긍정적인 말에 나는 속마음과는 다른 말을 하고 말았다. 그리고 이제까지 보지 못했던 할머니의 아기 같은 환한 웃음의 비밀을 알 것 같았다.

우리는 큰 심호흡을 내뱉으며 같이 일어났다.

"조심하세요."

불안한 마음은 여전하다. 지팡이에 의지해 한발 한발 내딛는 할머니의 뒷모습을 보며 나의 산책길 걸음도 은연중에 깊어진다.

그동안 산책길이 퍽도 그리웠다.

동해東海로 간 아이

스산한 산바람에 물든 나뭇잎이 떨어지고 있다. 여기저기서 서성이고 있는 사람들의 머리 위로 발아래로 제멋대로 휘날린다. 아이는 4번 번호표를 달고 그곳으로 들어간 지 한 시간이 넘었다. 주위 사람에게 많은 상처를 남기고 아이는 저만의 자유를 찾아 훨훨 날아갔다.

아이는 백과사전이라는 별명을 가지고 있었다. 성적이 우수한 것은 물론 갖가지 상식이 풍부했기 때문에 친구들이 붙여준 또 하나의 이름이다. 아이가 주위의 주목을 받게 된 것은 고등학교에 들어가 1등을 하면서였다.

아버지는 아들에게 더욱 큰 것을 요구했고 변함없이 그 자리를 지켜주기를 원했다. 그러나 쉽지 않았다. 2등에서 3등, 다시 1등, 오르락내리락시소를 타면서 심한 마음의 갈등을 겪기 시작했다. 공부에 짓눌린 아이는 어디에서도 여유로움을 찾을 수가 없었다.

공부로 치장된 집과 자꾸만 더 큰 것을 요구하는 아버지로부터의 탈출구는 일요일에 잠시 나가는 외출이었다. 그것은 교회를 간다는 명목이다. 신앙심에서라기보다는 교복을 벗어버리고 바깥세상과의 만남, 친구들과의 어울림, 잠깐의 해방이었지만 아이에겐 더할 수 없이 행복하고 즐거운 시간이었다. 그러나 그 자유마저도 오래가지 못했다. 숨통을 조여 오는 듯한 아버지의 요구에 순응하면서 아이는 자신을 위하는 길이거니 확신했다. 대학에만 가면 자립할 수 있다는 희망도 있었다.

아이의 부모는 별거 상태였다. 정확한 사연은 알 수 없었지만 부부의 성격 차 때문이라는 어렴풋한 풍문만 들었다. 그날 아버지와의 불화는 떨어져 있는 엄마를 만나고 오면서 터졌다. 늦게 집에 들어온 아이에게 아버지는 몹시 화가 났고 그 과정에서 전화로 아버지와 엄마의 다툼이 있었다. 공부하는 아이 왜 불러내느냐고….

참아왔던 모든 것이 폭발한 아이는 아버지에게 심한 반항을 했다. 그러자 아버지는 그만 아이에게 손찌검을 하고 말았다. 아이는 무너진 자존심과 걷잡을 수 없는 격한 감정 때문에 집을 뛰쳐나가고 말았다. 그리고 다음날도 그 다음날도 소식이 없었다.

아이의 소식을 들은 것은 그 후 1주일이 되던 날이다. 그것도 병원 영안실에서 이었다. 하얀 국화 속에 파묻혀 있는 녀석은 17세 나이답지 않게 너무도 의젓한 모습으로 영정 속에 있었다.

아무 말도 못하고 쓰러져 누워있는 엄마, 말없이 고개만 떨어뜨리고 있는 아버지, 그리고 소리 없이 눈물을 훔치고 있는 아이의 친구들 모두 말이 없다.

아이는 집을 나온 후 밖에서 엄마와 짧은 통화를 했었다.

"엄마 나 힘들어."

"아무 생각 말고 엄마한테 오너라."

"엄마, 생각 좀 하고 갈게요."

생각하고 가겠다던 아이의 말은 그냥 끝이었다. 그것이 아이가 세상에 남긴 마지막 메시지였다.

요즘 새로운 TV드라마가 나가면 많은 네티즌들이 그에 대한 요구사항을 수십 건씩 올린다. 사랑하는 남녀인데 꼭 맺어져야 하지 않겠느냐, 불행한 주인공을 행복하게 해 달라, 결말을 해피엔딩으로 해 달라… 등등 갖가지 의견들을 올린다.

문득 아이의 이야기도 드라마였으면 하는 생각이 간절해진다. 그러면 나 역시도 그들과 똑같은 요구를 했을 것이다. 아버지와 극적인 화해를 해 달라, 죽음을 택한 아이를 누군가가 구해 달라, 엄마와 아빠를 다시 예전처럼 행복하게 살 수 있게 해달라는 등 어느 네티즌과 다를 것 없이 떼를 부렸을지도 모르겠다. 하지만 주인공이 없으니 어느 한 경우도 성립되는 것이 없다.

불행에 익숙지 않은 우리의 아이들, 그런데 아이는 스스로 불행의 길을 택했다. 그 무엇이 17세 아이를 차가운 물속으로 밀어 넣었는지 모르겠다. 아버지와의 갈등, 성적에 대한 짓눌림, 엄마사랑에 대한 그리움, 모두가 아이에겐 헤쳐나갈 수 없는 험난한 가시덤불이었을까?

불 속에 있던 아이는 1시간이 지나고 40여 분이 더 지나고서야 한 줌의 재가 되어 세상 밖으로 나왔다. 엄마 통곡이 메아리쳐 모든 사람의 가슴을 쳤다. 학교 친구들 손에 들려 그곳에 들어간 아이는 다시 친구들 품에 안겨 나왔다.

짧은 해가 갈 차비를 하고 있다. 하늘은 낮아지고 조금 더 차가워진 산바람이 사람들의 어깨를 더욱 움츠리게 했다. 아이 엄마에게 우리는 위로할 말이 없었다.

“나쁜 녀석이에요 잊어버려요.” 하지만 아이가 왜 나쁜 녀석이어야만 하는지 우리 모두 입을 다물었다.

흔히 화장터라고 부르는 그곳에서 우리는 뿔뿔이 헤어졌다. 부디 잘 가라는 짧은 말로, 그러나 서로의 가슴에 아픔을 묻고 아이와 긴 이별을 했다.

아이는 늘 가고 싶어 하던 동해로 그렇게 홀연히 떠났다.

그들의 손(手) 이야기

짙은 눈썹, 사각진 얼굴 전형적인 남성의 모습이다. 명암을 받고 악수로 인사를 나눴다. 손의 촉감이 전해왔다. 큰 손이다. 그리고 남성의 손이라고 하기에는 너무 부드럽다. 자연히 눈이 손으로 갔다. 과연 어떻게 생겼을까?

1. 그이의 손

어쩌다 손의 스침만으로도 마음 설레고 가슴이 뛰었던 시절이었다. 친구의 주선으로 요즘 말하는 소개팅이라는 자리였다. 그는 처음 보는 순간부터 알 수 없는 끌림으로 다가왔다. 왠지 마음이 따뜻한 사람 같아 보였다. 누구 가리지 않고 그 자리에 나왔던 모든 친구들에게 친절했다.

제과점이 젊은이의 데이트 장소였던 그 시절, 싱거운 이야기를 주고받고 빵을 먹으며 시간을 보내는 것이 그날 만남의 전부였다. 그리고 서로 좋은 감정이면 애프터신청을 하고 남자 친구 여자 친구가 된다.

짝꿍이 되었던 그는 나를 데려다 주겠다며 버스 정류장까지 따라왔다. 쌀쌀한 초겨울 날씨였지만 사람이 많다는 이유로 버스 몇 대를 그냥 보냈다. 그러나 뻔히 속을 내보이는 것 같은 행동이 쑥스러워 버스를 타려고 마음먹었다. 그때 그가 나에게 손을 줘 보랬다. 그러더니 버스비라며 동전 두 개를 손에 쥐여 주는 것이다.

그의 손 촉감이 전해왔다. 도톰하고 크지 않는 손, 부드럽고 따뜻했다. 그 따뜻함은 처음 따뜻한 사람이라고 느꼈던 순간과 일치하는 순간이었다.

그때의 첫 느낌이 우리를 연결했고 자연스레 손을 잡는 사이가 되었다. 그는 내 손을 잡으며 하는 말이 있었다. 손이 차가운 사람은 마음이 따뜻하다고…. 늘 차가웠던 내 손은 난로처럼 따뜻한 그의 손을 놓지 않았다. 그 후 10여 년의 긴 만남을 끝내고 우리는 한 이불 쓰는 사람이 되었다.

어느 날 문득 그의 손이 눈에 들어왔다. 저 사람 손이 저렇게 생겼나? 크지 않는 손, 튀어나온 힘줄이 미로처럼 얽혀 있고 손가락 마디마디의 굵은 매듭은 어색했다. 세월의 덮개가 느껴졌다. 슬며시 손을 잡았다. 그리고 처음 보는 것처럼 이리저리

살펴보았다. 참으로 낯설었다.

"왜, 내 손이 이상해?"

그의 무심한 말이다. 순간 가슴이 먹먹했다. 나도 그의 말에 싱겁게 한마디 던진다.

"울퉁불퉁한 것이 역시 남자 손이네."

갑자기 얼마큼 그의 손을 잡아주었던가를 생각하게 되었다. 그러고 보니 내가 아쉬울 때만 그의 손을, 그것도 무의식적으로 잡았던 것 같다.

사무실에만 있다 자기 사업이란 것을 시작하면서 좋은 시절도 있었지만 경제가 어려워지면서 지금은 혼자서 다역을 하고 있다. 힘들었던 마음만큼이나 손도 몹시 거칠어져 있었다.

얼굴과 손 모습은 자신의 살아온 삶과 같다는 말이 있다. 그러나 거칠어져 못생겨진 손이면 어떠랴, 가족을 지키는 건강한 가장의 손인 것을, 그의 손을 보며 그동안 성실함과 부지런히 살아온 30여 년의 수고에 고마움과 존경의 마음이 간다. 변함없이 따뜻한 그의 손, 지금도 첫 만남의 느낌을 생생히 기억한다.

2. 낯선 그의 손

궁금했던 K 작가의 손은 하얀 피부에 손가락도 길고 여성 같은 손이었다. 글을 쓰는 직업을 말해 주는 듯했다.

"손이 여성분 같아요. 젊으셔서 그러나… 손가락이 길면 예술적 소질이 많다던데요."

나는 처음 만난 K 작가의 손을 보며 실례인지 칭찬인지 모르는 두서없는 말을 내뱉고 말았다. 그는 남자가 손이 예쁘다는 말을 자주 들어 싫단다. 인사였을까? 내 손을 본 K 작가도 한마디 했다.

"정 선생도 손이 참 작고 예쁘십니다."

나 역시 그와 비슷한 말로 그 말에 답을 했다. 사실 사람은 큰데 손이 작다는 말을 자주 들어 좋지는 않다고… 그리고 느닷없이 여고 시절 어느 노인에게 들었던 얘기를 꺼냈다.

친구 집에 놀러갔다가 우연히 놀러 온 동네 할머니로부터 내 손이 기생손이라는 말을 들었던 적이 있다. 그때 하필이면 왜 기생 손이냐고 물었던 것 같다. 노인은 그저 시집가면 호강하며 살겠다고 시작도 끝도 없는 말을 했다. 흘려버릴 말이었지만 기생이라는 부정적인 인식 때문인지 기분이 썩 좋지는 않았다.

K 작가는 이런 말을 했다. 옛 기녀들은 예술적으로 뛰어난 사람들이었다는 것이다. 그래서 지금 정 선생이 글을 쓰고 있는 것인지 모른단다. 나는 예술적 기질이 있다고 생각해 본 적은 없지만 그러나 그 할머니 말처럼 밥 굶지 않는 호강을 누리며 잘 살고 있노라고 했다. 우리는 자연스레 함께 웃으며 어색한 분위기를 풀었다.

결국 우리는 서로 글 쓰는 것에 대해 난 직접화법으로 말했고 그는 간접 화법으로 말한 것 같았다.

외모와는 어울리지 않는 그의 고운 손, 손놀림도 남성답지 않게 차분했다. 그 모습에서 그의 조용한 내면이 보였다. 손은 겉모양과 행동으로 상대방이 모르는 것도 보여주기고 하지만 때로는 그 사람의 말하지 않는 부분도 말해 주는 것 같다.

수상手相에 보면 이런 말이 있다. 손이 크면 마음이 넉넉하고 손가락이 길면 게으르나 예술적 기질이 많다. 또 손이 작은 사람은 마음이 섬세하단다. 그리고 손이 두껍고 따뜻하면서 부드러우면 부귀를 누린다고 했다. 손이 작은 난 섬세한 사람일까? 남이 평가해야 하겠지만 그렇게 할려고는 했다. 그런데 처음 부드럽고 두텁던 손이 살면서 많이 거칠어졌는데 그래도 부귀는 유효한 것일까?

향香을 말하다

집 근처에 유명메이커 커피전문점이 있다. 한추위만 아니면 항상 문이 열려 있고 그 앞에 야외 파라솔도 펼쳐진다. 그곳을 지날 때마다 풍기는 구수한 커피 향도 향이지만 파라솔 아래 빈 의자가 매번 가던 길을 멈칫하게 한다. 앉아보고 싶은 의자와 냄새로 사람을 유혹하는, 상술인지 알지만 나도 모르게 기분이 좋아지는 것은 어쩔 수가 없다.

우리 생활에 커피는 필요 불가분한 것이 되었다. 그런데 촌스럽게도 난 커피에 문외한이다. 많은 사람들이 갖가지 커피 맛에 이런저런 품평을 쏟아내지만 전혀 그런 말에 체감하지 못하고 있다. 그저 씁쓸한 검은 물일 뿐이다. 그러나 아이러니하게도 구수한 향에 빠져 맛과는 상관없이 자주 마신다는 것이다.

가끔은 커피 향을 찾아 커피전문점을 찾는다. 그리고 커피

한 잔으로 입은 쓰지만 코끝에 와 닿는 향에 취해 오랫동안 한가로운 시간을 보내며 행복해 한다.

작가 발자크는 한때 외도한 사업 때문에 많이 진 빚을 갚기 위해 장편소설을 수없이 썼다고 한다. 그 많은 글이 커피에서 나왔다고 할 만큼 그는 커피광이었다. 그리고 음악가 바흐도 조금 특이한 커피칸타타란 곡을 작곡했다. 그 시대 커피가 한참 유행하던 시기였다고 한다. 이렇듯 예술가들은 커피를 통해 상상력을 얻었을까? 짐작하건대 아마도 맛보다는 향이 사람의 감성을 깨우치는 마력을 발휘하지 않았을까 싶다.

얼마 전 오랜만에 서점을 갔다. 난 책에 대한 욕심이 참 많은 편이다. 한번 꽂힌 책은 꼭 산다. 그러나 그렇게 사서 쌓아놓고 미처 읽지 못한 책들도 꽤 있다. 책 욕심이 많은 사람들의 특징이 아닐까 싶다.

요즘 서점은 갖가지 소비 공간이 들어선 그야말로 멀티 공간이다. 느리게 즐기던 서점은 아닌 것 같다. 난장처럼 쌓여진 책들도 사람의 눈길을 끌지 못한다.

언제부턴가 청소년들은 서점에 와도 그 안의 화려한 소비 공간으로 먼저 발길이 가고 드문드문 어린아이들이 놀이공간처럼 앉아 책을 뒤적이는 모습도 눈에 띈다. 하지만 겉모습은 좋아 보이나 어수선할 뿐이다.

옛날 말에 문자향이라는 말이 있다. 글자에서 나오는 향기를 말한 것이다. 문자에 무슨 향이 있겠는가? 문자향이란 좋은 문장을 말하는 것이 아닐까. 그러고 보면 서점에 문자향이 있는 양서가 점점 줄고 있는 것 같다.

언제부턴가 서점에는 실용서가 넘치고 학생들의 참고서들이 점령하고 있다. 그러다 보니 그런 많은 책 더미 속에서 향기 나는 책들을 찾기는 쉽지 않다. 문자향이 가득할 것만 같은 베스트셀러도 인위적으로 만들어 버린다는 말이 있다. 점점 대형서점의 현실이 심각하기만 하다.

학교 다니던 시절 고서점을 잘 갔다. 그때는 헌책들을 많이 구입해서 보았다. 우선 고서점에 가면 책 속에서 풍기는 알 수 없는 오래된 특이한 향이 난다. 주인의 버림을 받았지만 또 다른 자리에서 소박하게 잘 정리되어 있고 그 가치를 발휘한다. 이 책 저 책 뒤적이는 사람에게 뭐라고 할 사람도 없다. 때로는 정말 문자향이 넘치는 귀한 책을 볼 수도 있다. 그리고 긴 세월 동안 세속의 향을 품은, 겉표지 뜯겨진 잡지를 훔쳐보는 재미도 솔솔 있다.

그 고서점에는 좁지만 긴 의자가 있었다. 낡은 의자지만 꼭 앉고 싶은 편안함이 있다. 지금은 없어진 고서점의 그 오래된 책 향이 그립고 한적한 느림이 그리워질 때가 있다.

문득 엉뚱한 생각을 해본다.

커피 향과 문자향이 함께하면 어떨까? 그러니까 서점과 커피 전문집, 주위에 찾아보면 커피 전문점이 있는 서점이 없는 것도 아닐 것이다. 그러나 책다운 책이 많이 있는 아니 문자향이 넘치는 그런 서점의 귀퉁이 작은 커피 집, 책을 구경하고 사러온 사람들에게 구수한 커피 향이 잠시 여유로움을 주고 즐거움을 줄 수 있는….

그런데 정작 문자향이 넘치는 책들로 채워진 서점을 소망하지만 글을 쓰고 있다는 나는 어떤 글을 쓰고 있을까? 문자향을 찾아보기 힘든, 그냥 쌓여있는 그런 책만을 써 온 것은 아닐까?

갑작스런 고민에 들어선다.

게으름에 대하여

많은 사람들이 그의 강의를 진지하게 듣고 있다. 그는 그들을 향해 느닷없는 질문을 던진다.

"현재 일기를 쓰고 계시는 분."

그런데 그 많은 사람들 중에 손드는 사람이 몇 되지 않는다. 여러분은 몹시 바쁘게 사는 현대인임을 증명하고 있다는 그의 말이다.

자신은 학교 때부터 지금까지 일기를 쓰고 있다며 여러 권의 노트를 높이 들어 보이며 이런 노트가 수십 권이란다. 부러움과 놀라움이 교차된 눈빛이 여기저기서 눈에 뜨인다.

그의 말 "이 일기장은 나의 모든 상상과 창작이 시작되는 생각창고입니다."

어린 날 방학 동안 항상 밀려 있던 일기장이 생각난다. 학교

생활에서 방학은 더할 수 없이 좋은 해방구였다. 날마다 써야 할 방학일기는 가장 귀찮은 일이었다. 또한 밀리지 않고 써야 한다는 사실도 곧바로 머릿속에서 이탈해 버린다.

개학 며칠을 앞두고 벼락 숙제를 하고 기억나지 않는 지나가 버린 날을 더듬으며 거짓 일기를 쓰고 이 친구 저 친구에게 지난 날씨를 구걸하며 일기장 칸을 채웠다. 그런데 어른이 된 지금도 그때 밀린 일기를 쓰지 못해 쩔쩔매던 조급함과 불안감으로 종종대던 어수선한 꿈을 꿀 때가 있다.

청춘이었던 시절 일기를 꼬박꼬박 썼던 때도 있었다. 미래의 꿈을, 세상의 아름다움을, 그리고 만남을 때론 슬픔을, 감성이 풍부했던 그런 조각들은 나의 글쓰기 시작이었던, 서투른 창작의 모티브였다.

기발한 아이디어로 미래를 디자인하는 한 강사의 일기는 생각 창고라는 말이 새삼 울림으로 다가왔다. 그렇게 모든 것이 이야기였던 그때의 일기는 나 또한 생각창고가 되었다. 그래도 그 시절에는 열정이 있었다. 그러나 열정도 한때였다.

가정을 꾸리게 되고 두 아이의 엄마가 되면서 아이들 키우는 일에 열중했다. 짜인 각본처럼 똑같은 가사 일을 수십 년 했다. 그런 여유 없고 느긋함이란 생각 할 수 없었던 질리지도 않은 부지런함이 행복이었다.

엄마의 그런 부지런함으로 아이들은 잘 자랐고 각자 제 둥지들을 만들어 모두 떠났다. 남편과 둘뿐이다. 타인에게 듣는 오붓하다는 표현이 낯설다. 그런데 여전히 부지런함이 몸에 배인 생활에서 벗어나지 못하는 나에게 남편은 어느 날 갑자기 말했다. 우리 이제 조금 느긋하게 게으름도 피우며 살잔다.

뜻밖의 말이었다. 그는 아내에게 강요받는 부지런함으로 피곤했을까? 그럼 엄마의 부지런함으로 잘 자랐다는 두 아이들은 또 어떠했을까, 모든 궁금증이 밀어 닥쳤다.

완벽주의와 성취만이 제일이었던, 그이는 항상 느긋함을 원했고 나는 게으름이라며 허락하지 않았던, 어쩌면 나의 그런 생활 습관이 식구들을 피곤하게 했을지도 모르겠다. 그이의 느닷없는 게으름에 대한 화두가 깊은 상념 속으로 빠져들게 한다. 그동안 무심히 보내버린 날들, 오늘의 일들, 기억해야 할 추억, 이런 기억의 부재는 게으름도 아닌 그렇다고 여유도 없는 것도 아닌 그저 일종의 강박증 같은 부지런함 속에 모두 묻혀버린 것 같다. 그러면서 잊어버리는 일 또한 익숙해져 버렸다.

문득 언젠가 뒤적이다 덮었던 게으름의 즐거움이란 책이 떠오른다. 저자는 게으름은 뭘 억지로 함이 없는 것이 행복이라고 말한다. 절대로 아무것도 하지 않는 것과는 다르며 한 발짝 뒤로 물러남이다.

게으름에서 나태함을 보기보다는 심심함에서 공상과 상상을 꿈꾸던, 그런 것들이 섬세해지면서 뜻하지 않은 실현의 단계가 된단다. 어렴풋하게나마 느낌은 오지만 뚜렷한 그림은 그려지지 않는다. 너무 바쁜, 여유하고는 거리가 먼 획일화된 현대인들에 대한 깨우침일까.

이즈음 음지와도 같은 게으름에 대해 회자되고 있는 것 같다. 게으름에 찬양, 게으름의 즐거움, 게으름의 재발견, 게으름의 미학, 갖가지 수식어가 붙는다. 갈수록 빨라만 가는 초고속 시대에 뜻밖이다. 사회 분위기는 게으름이란 자체가 부정적이었다. 어찌 보면 강요한 부지런함 뒤에 가려져 있던 것이 이제야 빛을 보게 된 대반전이다.

게으름은 마음의 평화를 가져오는 시작이 아닐까 싶다. 혹자도 말한다. 부지런함의 강박증에 벗어나야 게으름을 즐길 수 있다. 극히 상식적인 사실에 공감을 해본다.

남편의 말에 뭔가 결론을 내려야 할 것만 같다. 일상의 작은 쉼도 게으름에서 오는 것인데 아무래도 게을러지기 위한 용기를 내야 될 것 같다.

가끔은 편안히 뒹굴거리기도 하고 손을 놓았던 생각창고도 두둑이 쌓아야겠다. 그리고 글감을 찾기 위한 나의 작업도 어린 날 개학을 앞두고 일기를 몰아 쓰는 허둥대던 게으름이 아니라 기억도 상상도 즐기는 느긋함이 묻어나는 게으름으로부터 시작해보리라.

게으름의 용기, 그 시작만이 남았다.

좀 더 느긋하게

남편이 빈 화분에 씨앗을 심고 있다. 무슨 씨앗이냐고 물었더니 도라지란다. 유난히 화초 가꾸기를 좋아하는 사람이라 그냥 무심히 보아 넘겼다.

그리고 한참을 잊고 있었는데 어느 날 싹이 올라왔다며 호들갑스럽게 나를 불렀다. 아니나 다를까 가녀린 어린 싹이 무거운 흙을 들치고 여기저기서 삐죽이 올라와 있다.

"정말이네? 꽃을 볼 수 있을지 모르겠네."

"왜 그렇게 부정적이야. 꽃을 볼 수 있게 잘 키워야지."

문득 초등학교 시절 씨앗심기 하던 때가 생각난다. 싹이 올라오는 모습, 한잎 한잎 늘어나는 모습, 얼마나 자랐을까? 키재기를 하며 관찰일기에 하나도 빠뜨리지 않고 날마다 기록했다. 올라온 새싹이 신기해 화분 곁을 떠나지 못했다. 그리고 반 친구들 것보다 내 것이 더 자라길 마음속으로 빌며 온 정성을 다했다.

남편이 분무기로 조심스레 화분에 물을 주고 햇빛에 내놓고 창문을 열어 바람이 들어오도록 한다. 그런데 쑥쑥 자랄 것만 같던 싹이 볼 때마다 그대로인 것만 같다.

"왜 이렇게 안 자라요?"

"이 사람아, 우물에서 숭늉 찾아?"

즉각 면박이다. 막상 싹이 나오니 냉큼 자라주기를 바란다. 어린 날의 간절함과 기다림은 없다. 보지도 않았던 화분에 자주 눈길이 가지만 내 바람과는 상관없이 성장이 더디기만 하다. 점점 나의 기다림은 심드렁해진다.

사람들은 긴 기다림에는 익숙한 듯해도 짧은 기다림에는 인색하다. 가까운 주위를 둘러보면 당장 볼 수 있다. 신호대기인 자동차가 파란 신호가 바뀌었는데도 미처 가지 못하면 빨리 가지 않느냐며 위협적인 경적을 마구 울려댄다. 그리고 무섭게 앞질러 간다. 건널목에 서 있는 사람들도 빨간불인데 벌써 몸은 차도로 나가있다. 음식점에서 시킨 음식이 조금만 늦게 나와도 화를 낸다. 나 역시 급한 성격에 그런 짧은 기다림에 여지가 없다.

두 아이들을 키우면서도 수없이 빨리빨리를 외쳤고 내 특유의 안달거림을 드러내며 살았다. 그 빨리 병에 시달렸던 두 아이들은 다 커서 기다림이라고는 없는 엄마에게 릴랙스를 외치고 있다.

젊은 날, 상대방과 이야기를 나눌 때도 말이 느리고 서론이 길어지는 상황이 오면 그것 또한 참고 들어주는 그런 기다림도 없었던 것 같다. 돌이켜보면 나의 그 시절 모습은 참으로 경거망동했다.

같은 아파트에서 사는 이웃도 나를 보면 항상 '바쁘시네요.' 한다. 사실 알고 보면 전혀 바쁜 일이 없는데 걷는 모습에서 늘 바쁜 사람으로 보아 온 것 같다. 짧은 기다림에 인색했던 나의 습관이 무의식중에 나온 행동이었을 것이다.

옛날 말에 나이가 양반 만든다는 말이 있다. 언제부터인지 몰라도 마음속으로 하나 둘 셋을 외치며 깊고 긴 심호흡을 하고 있는 나를 보게 되었다. 변화를 원하는 훈련법이었을까?

옷차림도 조금 차분한 색을 입으려 한다. 블랙과 그레이, 브라운과 베이지, 좋아하는 색깔이기도 하지만 때로는 그런 차분하고 가라앉은 색깔이 사람의 마음을 진득하게 할 것 같은 느낌이 들기 때문이다. 나이 들수록 환한 색을 입어야 한다는 말에 솔깃하기도 하지만 나를 바꾸기 위한 해법일 수도 있다며 애써 궁색한 합리화로 무마하려 한다.

이즈음 긴 기다림의 시간보다는 짧은 기다림에 중점을 두어야겠다는 생각을 하게 되었다. 짧음과 긴 기다림이 반복되는 생활 속에 그동안 참지 못했던 짧은 기다림에 느긋하고 넉넉해질 수 있는 모습으로 나이를 먹어가는 것도 좋겠다. 세상을 얼마큼

산 정점에서 나를 위해 내린 결론이다.

남편은 변함없이 화분에 물을 주고 햇빛을 보게 하고 살짝 창문을 열어놓는다.

"도라지가 모두 햇빛 쪽으로 몸을 돌렸네."

그의 새로운 관찰일기다.

이제 나 역시 무심한 듯 얼마나 자랐는지 언제 꽃망울을 맺을지, 좀 더 느긋하게 여유 있는 마음으로 바라보기로 한다.

그의 열정이 푸른 보랏빛 도라지꽃을 보게 되길 바라며….

가을이면 고향에 가고 싶다

추석 때가 되면 알 수 없는 설렘이 있다.

며느리 입장으로 필연의 귀향은 때로는 작은 스트레스도 되지만 딸이 되어 친정 가는 길은 마냥 들뜨고 마음을 설레게 한다.

어머니는 살아생전, 얼굴 보여주기에 인색한 막내딸을 그래도 볼 수 있는 기회를 추석이라고 생각하셨다. 예전에는 구정 때 시부모님이 서울로 오셨고 추석 때는 우리가 고향으로 내려갔다. 그래서 친정어머니는 딸이 내려오는 추석을 더 기다리셨다.

어머니의 자식 맞을 추석준비는 빛깔 좋은 햇 고추로 맛있게 생김치를 담는 것이었다. 갖가지 진수성찬도 어머니가 담근 김치 맛에는 따라가지 못했다. 김치 맛을 처음 본 것처럼 맛있다는 말을 수없이 하며 허겁지겁 먹는 자식들을 보며 정말 행복해 하셨다. 그리고 지난해 추석 때처럼 똑같은 말을 또 한다.

"이제 한참 맛이 든 가을배추여. 햇고추를 갈아 담근 김치라 맛날 거여. 많이들 먹어라잉."

"그래요, 김치 맛은 울 어머니 따라 갈 사람 없어요."

우리 역시 또 매번 똑같은 말로 어머니 말에 화답을 하고는 했다.

시댁에 내려와 이런저런 일로 몸과 마음이 고될 때도 있지만 그래도 어머니가 계신 친정집은 늘 평안과 작은 위로가 있다. 딸의 일이 당신 일인 양 슬픔은 다독이고 기쁨은 두 배로 해주던, 그렇게 언제나 내 편이시던 어머니는 안 계신다.

어머니의 그때 손맛도 볼 수가 없다. 친정집 작은 텃밭에 따사로운 가을 햇빛을 받으며 매달린 윤기가 잘잘 흐르던 가지도 풋고추도 오이도 없다. 모두가 되돌려 볼 수 없는 지나가버린 어느 가을날 영상이다.

올 그 뜨겁고 더웠던 8월, 시부모님이 고향에서의 살림을 모두 정리하고 우리 곁으로 오셨다. 올라갈 것인가 시골에 있을 것인가 수없이 갈등을 하던 시부모님의 두 마음은 올라오시는 쪽으로 결정을 하신 것이다.

뜨거운 여름에 오셔서 선선한 가을을 맞았다. 이곳에 적응을 할까 하는 나의 노파심과는 달리 잘 적응하며 정말 오래된 생활처럼 지내고 계신다.

구순이 다 되신 아버님은 거동이 편치 않다. 밖에 나갈 일 있으면 휠체어를 타야 한다. 그래서 거의 집안에 계시는 편이다. 그 연세에도 지적 욕심이 많은 아버님은 책을 손에서 놓지 않는다. 그리고 TV 보는 것, 가끔은 거실 큰 창을 통해 차들의 긴 행렬, 산책로의 나뭇잎 색깔이 조금씩 달라지는 계절의 변화를 보는 것으로 일과를 보내고 있다.

어쩌다 밖을 물끄러미 응시하고 있는 아버님을 볼 때면 마음이 짠해진다. 누구보다도 당신의 태생지를 귀히 여기며 돌아가신 부모님 옆에서 살고 싶다던 바람을 어떻게 놓으셨을까 싶다.

올라오실 때만 해도 몸이 좀 나아지면 고향에도 내려가겠다는 마음과는 달리 이제는 하루하루가 당신 마음대로 되지 않은 몸을 어떻게 할 수 없음을 탓하며 고향에 가고 싶은 간절함을 삭히고 계실지도 모른다.

그와 반대로 어머님은 혼자서 바쁘시다. 고향처럼 낯익은 사람도 없고 눈 감고도 걸어 다닐 익숙한 길도 없지만 매일 집 근처 여기저기를 답사 중이다.

그리고 잘 정돈된 집 근처 대형마트를 갈 때면 세상이 좋아졌음을 감탄하면서도 시끌벅적한 재래시장을 그리워한다.

어느 날 어머님께 이런 말을 건 넨 적이 있다.

"어머님 고향에 내려갔다 오셔요. 바람도 쐴겸 이모님도 만나고 친구도 만나시구요."

"뭐 하러 가야, 이제 여기다 정 붙여야지야."

어머님의 '그렇게 하마.' 당연히 그런 답을 생각했지만 철저하게 이곳 도시인이 되기를 바라고 계신 듯 단번에 거절했다. 유독 고향에 대한 애착이 남달랐던 두 분은 각각 다른 모습으로 고향에 대한 향수를 접고 계셨다.

매년 귀성전쟁을 치르며 고향에서 추석을 보냈는데 시부모님이 우리 곁으로 오시면서 이곳 집에서 보내게 되었다. 추석 고향 가는 길이 친정어머니 살아계실 때처럼 그런 설렘은 없었어도 마음은 항상 바쁘게 귀향을 서둘렀다. 그러나 이제는 갈 일이 없다고 생각하니 고향을 잃은 것처럼 섭섭하다. 새삼 그리운 것도 아닌데 그렇다고 김치를 담가주던 친정어머니가 계시는 것도 아닌데 가슴 한구석이 왜 이리 허전한지 모르겠다.

깊어가는 가을이다. 높고 파란 하늘이 정말 시려 보인다. 가을 탓일까, 나이 탓일까. 까닭 없이 알 수 없는 그리움이 물밀 듯 밀려온다. 이 가을 어디론가 꼭 떠나야 될 것 같은 마음이 든다.

아름다운 빛깔

당산나무와 넓적돌이 그곳이었음을 말해준다. 노인들 몇이 나무 밑에 앉아 한가한 오후를 즐기고 있다. 그렇게 그리워하던 그 집은 없다. 덩그마니 비어있는 공터가 왠지 쓸쓸해 보인다. 여기저기 둘러보지만 당산나무와 나의 할아버지께서 갖다 놓았다는 넓적돌 그것뿐이다. 너무도 뚜렷했던 그곳이 아른거리는 과거의 그림 속으로 나를 이끈다.

대문 옆에 큰 감나무가 보인다. 봄에는 하얀 감꽃이 수북이 떨어졌다. 동네 아이들이 너도 나도 감꽃을 실에 꿰어 목에 걸었다. 그러나 가을이면 열릴 붉은 감은 머릿속에 까맣게 지워져 있다. 어머니가 곧 터질 듯한 말랑한 홍시를 한 수저씩 내 입에 넣어주는 그림만 있다. 가끔 기억은 알 수 없는 조화를 부린다.

감나무 옆에 장독대가 훤하다. 어머니는 날짜를 잡은 듯, 키 순서대로 있는 독에 물을 끼얹고 닦기 시작하신다. 금세 배불뚝이 항아리들이 깨끗해지고 거울처럼 반짝거린다. 그런 날은 꼭 우리 집에 누군가가 온다. 장독대 청소는 어머니가 손님맞이의 가장 큰 예의였다.

마당에는 어머니가 가꾸시는 채마밭이 넓다. 그 밭을 가꾸는 것은 어머니의 큰 즐거움이었다. 정성스레 가꾼 갖가지 푸성귀가 밥상에 올려졌다. 마당은 우리 식구의 부식창고였다.

채마밭 둘레에 야광색만큼 선명한 채송화가 키 재기를 하며 피었다. 씨를 뿌리지 않아도 어김없이 싹이 트고 여름철이 되면 꽃이 핀다. 느닷없이 쏟아지는 소나기에 힘을 잃고 쓰러져 있다가도 햇빛만 나면 언제 그랬냐는 듯이 몸을 꼿꼿이 세운다. 그때의 채송화 꽃잎은 어느 보석보다도 맑은 빛이다.

마당 귀퉁이에 우물이 있다. 옆집 담을 걸치고 있는 우물, 두 집이 같이 사용했다. 정신 나도록 차고 시원한 물, 가끔은 우물 속에 매달려 있는 수박, 밖에서 뛰어 놀다가도 수박이 있나 없나 수없이 우물을 들여다보았던, 마음은 우물 속에 떠 있는 수박에 가 있었다. 그런 내 속내를 눈치채고 어머니는 수박을 건져 올리며 나를 부른다. 빨간 속살을 드러낸 수박은 정말 꿀맛이었다. 그리고 수박 한쪽은 꼭 우물 건너 박샌(氏)네 집으로 건네졌다. 박샌(氏)네 집에서도 우물 건너 우리 집에 뭔가를 꼭 건넸다.

동네 아이들은 주로 당산나무 아래나 그곳 가까이 있는 정미소 주위에서 놀았다. 기계가 쉬는 날이면 정미소는 숨바꼭질하기에 좋은 장소였다. 키가 컸던 주인아저씨는 우리를 발견하면 나가라고 고래고래 소리를 질렀다. 매번 아저씨의 큰소리에도 기웃거렸던 정미소는 쓰러질듯 몸을 겨우 지탱하고 있다.

정미소 옆 골목에 도깨비아짐(아주머니)집도 보인다. 어린 나를 너무도 예뻐했던 아짐, 그녀는 아이가 없었다. 아기 때부터 어머니 몰래 슬그머니 나를 안고 나가 어머니에게 혼난 적이 한두 번이 아니었다는, 왜 도깨비라는 별칭이 붙었는지 모르지만 난 그녀를 도깨비아짐이라고 불렀다.

마루에 경대를 놓고 화장하는 그녀가 선명히 보인다. 동백기름을 발라 참빗으로 곱게 머리를 빗어 비녀로 쪽찐다. 유독 검은 얼굴에 밀가루를 뒤집어 쓴 듯 하얗게 분을 바르고 눈썹은 성냥을 태워 그을림이 남아 있는 꼬투리로 반달처럼 그리고 입술 옆에 까만 애교점을 찍는다. 나도 크면 입술 옆에 꼭 애교점을 찍으리라 생각했다. 그녀의 화장하는 모습을 보며 어른을 꿈꾸었던, 혹 어딘가에 살고 있을지도 모르는 도깨비아짐, 가끔 그녀의 애교점이 보고 싶다.

당산나무를 지나 넓은 길을 따라 올라가면 먼지 풀풀 날리는 큰 신작로가 나온다. 신작로를 건너면 동산이다. 그곳에는 현玄씨네 제각과 그 선조들의 묘가 있다. 모든 동네아이들의 은밀한 놀이터였던, 잔디로 꾸며진 묘지 주위에서 뒹굴고 미끄

럼을 탔다. 종일 아이들의 웃음과 재잘거림이 끊이지 않았다.

제각 쪽은 키 큰 소나무로 숲이 울창했다. 하늘이 보이지 않아 길은 언제나 어두웠다. 솔향기가 진동했고 아이들은 코를 킁킁대며 숨을 들이쉬기에 바빴다. 커다란 제각 문은 고개를 뒤로 젖히고 한참을 올려다봐야 했다. 꼭꼭 잠긴 제각 문틈으로 들여다보는 그 안은 또 다른 미지의 세상이었다. 가끔은 무섬증이 왈칵 나고는 했지만 말릴 수 없는 아이들의 호기심으로 문틈에서 눈을 떼지 못했다. 그리고 해 질 녘이 되면 온몸에 풀 부스러기를 달고 우르르 집으로 돌아오고는 했다. 매번 반복되는 뻔한 일상이었지만 늘 즐거웠다.

그렇게 행복하기만 했던 나의 일상은 초등학교 입학을 앞두고 어둠이 드리워졌다. 어느 날인가부터 어머니는 안 보이게 눈물을 훔치셨고 알 수 없는 사람들이 우리 집을 들락거리는 시끄러운 날이 계속되었다. 그리고 누군가에게 집을 내주고 낯선 곳으로 이사를 가야했다. 밝은 채색으로 그림을 그렸던 나의 유년기는 그렇게 끝나고 있었다.

당산나무와 함께 나를 키웠던 태생지, 좁은 고샅길, 후미진 구석구석까지 훤히 보인다. 귀에 맴돌고 있는 아이들의 재잘거림이 밀물처럼 밀려왔다 썰물처럼 빠진다. 내 삶에 가장 밝고 아름다운 빛깔로 남아있는 그날들을 나는 끊임없이, 끊임없이 그리워한다.

망각과 소실

이제야 날을 잡았다.

사용할 때마다 심각성을 느끼면서도 게으른 마음이 앞서 바꾸지 못했다. 오랜 세월 네 식구의 손때가 묻은 만큼 겉과 속이 꽤 헐었다. 없어서는 안 될 중요품 1호였다. 상처난 부분이 많아 테이프로 더덕더덕 땜질이 되어 있다.

첫장엔 시부모님, 친정집, 시동생 시누이…. 집안 서열로 순서가 정해진 전화번호는 새 메모판으로 옮겨지기 시작한다. 대충 머릿속에 입력된 번호들이기도 하다. 결혼과 동시에 오른 그 번호들은 20여 년이 지났는데도 거의 변동이 없어 보인다.

뒷장부터는 그런 서열을 떠나 두서없이 나열되어 있다. 남편 친구, 동창들, 두 아이와 관계가 있을 듯한 학부모 이름, 학교, 음식점, 가게, 심지어 은행 계좌번호 주소 등 종류가 갖가지다.

서로 필요조건에 의해 주고받은 것도 있겠고 또는 일방적으로 내가 필요로 해서 메모한 것도 있을 것이다.

언제 지워졌는지 두 줄로 그어진 이름과 번호가 곳곳에 있다. 번호가 변경되었는지 색이 다른 펜으로 짙게 덧입혀 적혀 있는 것도 있다. 검정펜 빨강펜 색색이 다양하다. 빽빽하게 적힌 다양한 전화번호를 보면서 그동안 살아온 우리 집 역사를 보는 것만 같다.

하나씩 또박또박 옮긴다. 새로운 메모판에는 기억과 일치한 사람만이 선택되어 오른다. 지워진 것들 중 의외로 낯선 이름이 많음을 발견한다. 그때는 서로가 안녕을 주고받았을 텐데 지워진 사연이 희미하니 짐작이 안 된다.

오래전 소식이 끊어진 친구의 이름을 보면서 새삼스레 안부가 궁금해진다. 지금쯤 어떤 모습일까? 그곳에서 그대로 살고 있을까? 메모판을 정리하다 말고 전화수화기를 돌린다. 소식을 주고받았을 땐 꽤나 익숙한 번호였건만 무척 낯설게 느껴진다.

가슴이 두근거린다. 그런데 끝자리를 누르자마자 낯선 음성이 흘러나온다. '지금 거신 전화는 없는 전화번호입니다.' 전화번호를 다시 확인하란다. 두 번 세 번 여전히 없는 번호란다. 서로 안부를 주고받은 지도 언제쯤인지 기억에 없으니 그런 소리 듣는 건 당연하다.

무엇이 바빠 망각 속으로 접었을까 싶다. 서로가 사는 데 너무 바빴나 보다. 몸이 멀리 떨어져 있으니 자연히 마음도 멀어지는 것은 어쩔 수 없는 인지상정인 것을….

문득 내 이름도 언젠가 지워질지도 모른다는 생각에 마음이 씁쓸해진다. 어쩌면 산다는 것은 망각하면서 그리고 전화 메모판에 지워져 가는 이름처럼 모든 것이 하나하나 소실되어 가는 것인지 모르겠다.

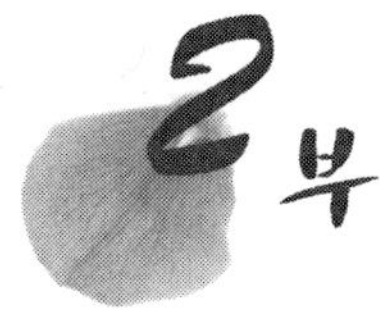

2부

어느 여름날의 해후

짠 갯냄새가 코를 찔렀다. 굴의 패각이 허옇게 붙은 바위에 파도가 쉴 사이 없이 몸을 부딪치며 성난 모습을 보였다. 투박한 남자의 목소리가 바람 끝에 실려 나온다.

"오늘 외도행 유람선은 높은 파도로 인해 중단되었음을 알려 드립니다."

서울에서 거제까지는 결코 수월한 나들이가 아닐 텐데 그날 일정은 그렇게 무산되었다. 모두가 서성이며 발길을 떼지 못했다. 그때 누군가 식사나 하자며 선동을 하자 약속이나 한듯 하나 둘 줄지어 선창가로 내려갔다.

다닥다닥 붙어있는 횟집에선 관광객들을 서로 끌어들이려 열을 올리고 있다. 어디를 들어갈까 이집 저집 기웃거리던 차에 낡은 간판 하나가 마음을 잡았다.

'××집'

주인으로 보이는 남자가 우리 일행들을 '어소 오이소.' 하며 살갑게 맞는다. 집 이름이 맘에 들어 왔노라고 했더니 그는 눈치 빠르게 말씨를 바꿨다.

"반갑소잉 어서 오시게라." 정말 오랜만에 들어보는 고향 말씨다.

안내된 곳은 안채 2층이었다. 손님을 맞기 위한 상들이 반듯하게 놓여 있다. 거실 창에 들어오는 넓은 바다가 더운 훈김을 식혀 준다. 방과 거실 벽 여기저기에 걸려있는 그림이 눈에 띄었다. 모두가 바닷가 풍경이다. 힘이 있어 보이는 붓놀림이 아마추어 같지는 않았다. KIM. H.I. 그림 귀퉁이에 뚜렷하게 적힌 영자 이니셜이 뚜렷하다.

안주인으로 짐작되는 여자가 차림표를 들고 바삐 올라왔다. 그런데 여자와 눈이 마주치는 순간 서로 흠칫 놀랐다. 여자도 다시 한 번 남편과 나를 쳐다본 듯하더니 서둘러 차림표를 내밀었다.

누굴까? 어디서 보았지… 과거와 현재의 시간들이 뒤섞이기 시작했다. 저 웃는 모습이며, 누구지… 아 그렇다. 희미하게 기억 저편에서 한 사람이 다가오고 있었다.

맞다. 헤아리기엔 많은 세월이 흘렀지만 가지런한 이를 드러내고 웃는 모습이며, 눈꼬리의 저 작은 점이며, 분명히 기억 속에 그 모습이다. 단지 검게 그을린 중년의 모습으로 우리

앞에 서 있을 뿐이다.

갑자기 가슴이 두방망이질을 쳤다. 잠시 호흡을 가다듬었다. 그리고 조심스럽게 말을 끄집어냈다.

"저 낯이 많이 익는데…."

"글쎄요. 전 잘 모르겠는데 동향이라 낯설지 않을 거예요."

얼굴 표정이 어딘가 모르게 부자연스러웠다. 그녀의 그런 반응에 우린 주춤했다. 극히 절제된 짤막한 대화 속에 학교 후배라는 것만 확인하고 얘기를 다른 곳으로 돌렸다. 그녀는 말끝에 그림을 그리기 위해 2년 전 거제에 왔고 잠시 정착 중이라며, 내후년쯤엔 고향으로 다시 돌아갈 생각이라고 했다. 그리고 남편도 그림을 그린다는 의외의 말도 들려주었다.

"참, 학교에서 서로 보았는지도 모르겠네요."

생각난 듯 불쑥 한마디 건네고는 계단을 내려갔다. 누구씨 아니냐는 말이 곧 목까지 올라오는 충동을 느꼈지만 꾹 참았다. 왠지 그녀의 표정에서 뭔가 방어하려는 빛이 역력했기 때문이다.

KIM. H.I. 예쁜 이름만큼이나 외모도 참 고왔다. 그녀와의 첫 만남이 생각났다. 그 시절 남편과 난 동아리 모임지였던 한 제과점에서 그녀를 처음 보았다. 손에는 늘 이젤이 들려 있는 단발머리 미대생이었다.

동아리 모임이 있을 때마다 그곳엔 항상 그녀가 있었다. 제과점 안집을 스스럼없이 드나들어 그 집 딸인 줄만 알았다. 그런데 알고 보니 제과점집 아들과 미대 선후배 사이였고 무척 가깝게 지내고 있었다. 우리는 서로 눈인사로 알게 되었고 시간이 가면서 자연스레 친하게 되었다.

그들은 언제나 바늘과 실처럼 꼭 같이 다녔다. 그곳을 들락거리는 웬만한 학우들은 다 알 정도로 소문난 커플로 주목을 받았다. 물론 부모 허락 하에, 미래도 약속한 사이라는 것도 알게 되었다. 그러나 학교를 졸업하고 서로 얼굴 볼 기회가 적어지면서 소식 듣는 것도 뜸해졌고 그냥 그렇게 잊혀졌다.

놀라움과 반가움이 뒤섞인 뜻밖의 만남이 사람의 마음을 묘하게 했다. 많은 세월이 흐른 뒤 우연하게도 이런 낯선 고장에서 만나다니, 그래서 세상은 넓고도 좁다고 했던가. 어떻게 이 머나먼 거제까지 왔으며 아래층에 있는 남편인 듯한 주인 남자는 어떤 사람일까? 그는 분명 옛날 그녀의 선배가 아니다. 그때 모든 이의 시선을 받았던 그들 사랑은 어찌된 것인가, 가지런히 걸려있는 그림에서 그녀의 아름답던 한 시절이 낡은 영상으로 오버랩 되었다 사라진다.

옥외로 나있는 작은 문을 통해 물끄러미 서 있는 그녀의 뒷모습이 보였다. 그 옆에서 남편이 숙달된 손놀림으로 생선을 다루고 있다. 그림을 그린다는 그의 모습이 상상이 안 된다. 그러나 첫인상이나 말씨로 봐선 마음이 참 푸근한 사람 같았다.

우리는 짧은 만남에 작별을 고했다. 앞으로 계속 그림을 그려 꼭 화단에 진출하길 빈다는 인사를 건네고 그 집을 나섰다. 그런데 한참 따라 나오던 그녀가 생각지도 않았던 말로 우리의 발길을 붙들었다.

"저 지금 생각하니 언뜻 기억이 나요."

"아. 그럼 그 ××제과점…."

"……."

잠깐 어색한 분위기가 흘렀다. 그냥 보내기가 마음에 걸렸을까 아니면 정말 그제야 생각이 났을까 내 귀를 의심했지만 분명 그녀의 입에서 나온 말이다. 그러나 너무 당황해 무슨 말을 해야 할지도 모른 채 얼버무렸다. 아니 그 상황에선 그대로 돌아서는 것이 그녀에 대한 배려라는 생각이 더 들었기 때문이다.

뜻하지 않았던 만남으로 인해 까마득히 잊힌 그녀의 아픈 기억을 들추지 않았나 해서 마음 한구석이 씁쓸했다. 어쩌면 그림 속에 있는 이름을 보지 않았다면 아마도 그녀임을 확신하지 못했을지도 모를 일이다.

화가의 꿈을 접은 채 평범한 횟집 아낙으로 살고 있는 그녀를 보면서 새삼 남녀의 인연에 대해 여러 가지 생각이 엇갈렸다. 그러나 먼 훗날 한 번쯤 고향에서라도 만남이 주어진다면 과거라는 시공을 내려버리고 우리들의 꿈결 같았던 그 시간들을, 사랑은 변함없이 영원한 거라고 믿었던 한 시절의 이야기를 그냥 웃으며 편안하게 나누고 싶다.

돌아서는 마음이 무엇인가 잃어버리고 가는 것만 같다. 허허한 바닷가에 서 있을 애잔한 그녀의 모습 때문일까?

친구를 말하다

1. 행운

우리는 그 얘기만 나오면 실소를 참지 못한다.

작은 키에 마른 체구 그리고 큰 눈, 머리는 질끈 한 갈래로 묶었다. 아이들 반모임에 대표를 맡게 된 그녀, 잘 해보자는 짤막한 첫인사, 단아하고 반듯했지만 왠지 포근한 인상은 아니었다.

그녀가 말했다. 큰 키에 마른 체구 그리고 흰 피부, 너무 차갑게 보이는 모습이 말을 붙일 수가 없었단다. 두 사람 다 썩 좋은 첫인상은 아니었던 것 같다. 그러나 그렇게 불편하게 만났지만 우리는 20여 년의 시간을 같이 보낸 절친이다.

그녀는 평생 같이할 것 같았던 사랑하던 사람을 먼저 보내고 하나밖에 없는 아들 늦은 공부 뒷바라지하며 살았다. 홀로 남편의 사업 정리를 하고 참으로 힘든 시간을 보냈다. 그러나 그 힘든 상황을 티 한번 내지 않았다.

그녀의 절약 근검한 생활은 대단했다. 예전에는 여유 있게 쓰면 살았고 주위사람을 누구보다도 먼저 배려하며 살았다. 그렇게 남부럽지 않게 풍족하게 살았던 생활습관을 버리기가 쉽지 않았을 텐데 처한 환경이 그녀를 강하게 만든 것 같았다.

그녀가 어느 날 나에게 이런 말을 했다.

"힘들게 사는 것은 아무렇지 않아. 하지만 내가 누군가에게 뭔가를 주고 싶은데 줄 수 없다는 것이 너무 슬퍼. 늘 고맙고 널 만나 정말 나에겐 행운이야."

생각지 않았던 의외의 말이었다. 힘든 처지에서도 줄 수 없어 슬프다는, 그리고 날 만나 참으로 행운이라고 말하던 그녀, 나도 모르게 가슴이 뭉클했다.

새삼 나를 돌아보고 있었다. 난 그녀의 가난하고 추운 마음에 어떤 힘이 되었을까? 힘들게 지내는 그녀를 보며 가슴 아파하면서도 때로는 그런 상황들이 알 수 없는 무거운 짐처럼 느껴졌던 지난날을 떠올렸다.

그녀와 난 그동안 긴 세월을 마음 털어 놓으며 격식 차리지 않고 있는 것 나눠먹고 때로는 가족 흉도 보며 마음 털어놓을 수 있는 편안한 사이로 지내왔다. 나에게도 그런 친구가 있었다는 것 또한 행운이지 않았을까? 순간 그녀에 대한 미안함과 연민의 마음이 물밀 듯 밀려왔다.

누군가가 보내준 짧은 글귀가 생각났다. 친구란 환경이 좋던 나쁘던 늘 함께 있으면 하는 사람이다. 극히 상식적이지만 참 마음이 가는 글귀이다.

그녀는 지금도 여전히 마음 아픈 존재로 가까이에 있다. 그렇지만 그녀와의 관계가 오래도록 끊어지지 않고 질긴 인연처럼 지속되길 바라는 마음도 여전하다.

2. 만남

어느 모니터 모임이다.

자꾸만 쳐다보는 듯한 시선이 느껴졌다. 쳐다볼까 말까 망설이고 있는 차에 그녀가 먼저 말을 걸었다.

"낯이 많이 익어요. 어디서 살아요?"

얼굴을 마주한 순간 나도 그녀가 낯설지 않았다. 우리는 서로 말을 맞추며 기억을 더듬었다. 알고 보니 약속이 있을 때마다 갔던 어느 커피숍에서 자주 본 듯싶다. 나이도 같았고 자연스레 이름을 알게 되고 그녀와 내가 같은 성씨라는 작은 공통점 하나로 오래된 사이처럼 서로 반가워하며 한 발 더 가까워지는 개기가 되었다. 그 후, 수시로 있는 모니터 모임을 가지며 계속 만났고 우리는 그렇게 이웃 같은 친구가 되어갔다.

그녀와 만남이 어느덧 일 년이 되갔다. 일은 끝났지만 그 만남은 끊어지지 않고 이어지고 있다. 그러나 만나도 매번 진지한 대화의 중심은 없다. 가볍게 살림 사는 이야기며, 세상 화제 정도다. 가까워졌다고는 하나 깊은 사생활을 오픈 할 정도로 마음은 열지 않았다.

어느 날 그녀로부터 점심이나 하자며 전화가 왔다. 점심을 먹고 차를 마시는 자리에서 긴 이야기를 꺼냈다. 그녀는 혼자서 남매를 남부럽지 않게 잘 키웠다. 그녀의 지극 뒷바라지로 아이들은 다 명문대를 졸업했고 아들은 좋은 직장에 다니고 있으며 큰딸은 결혼을 했다. 그러나 남편처럼 의지했던 그 큰딸 부부와 원만하지 못한 관계 때문에 마음고생을 하고 있었다.

한없이 평온해보이고 항상 웃는 얼굴과 후덕하고 세상 걱정거리 없어 보이는 겉모습에서 그런 아픔이 있는 반전이 있었다. 그녀는 처음으로 자신의 얘기를 꺼냈다. 엄마만 알던 효녀 딸이 결혼하고 달라진 서운함을 얘기하며 어떻게 할지 모르겠다며 그녀는 눈물을 훔쳤다. 그동안의 마음고생을 짐작할 수 있었다. 그러나 뭔가 해결 방법을 바라는 그녀의 간절한 마음에 특별한 답을 주지 못했다. 그저 딸아이에게서 마음을 내려놓으라는 말밖에….

그녀는 나의 어떤 점을 보고 가슴에 품었던 얘기를 풀어놨을까 생각해봤다. 그녀에게 내가 어떤 믿음을 주었는지도 모르겠다. 그런데 알 수 있는 것은 그녀가 지금 너무 외롭고 누군가에게 깊은 마음을 의지하고 싶어 하는 것 같았다.

나에게 그렇게 새로운 친구 한 사람이 또 생겼다. 그녀의 마음을 헤아려보며 어떤 친구로 다가갈까, 새삼 고민에 빠졌다.

난 친구가 참 많다. 그러니까 사람을 좋아하는 편이다. 학교 친구들 외에도 이런 저런 모임에서 많은 친구가 생긴 것이다. 아니 만들었다. 내 마음은 항상 그렇다. 이왕이면 그들과 좋은 인연으로 오래 지내길 바란다. 중국 춘추시대 관중과 포숙의 관포지교管鮑之交같은 높은 우정은 아니더라도 그저 소박한 향이 나는 지란지교芝蘭之交같은 그런 우정을, 그리고 부디 나만의 욕심이 아니길 늘 바라며….

5년의 뜨거웠던 삶

어찌 그럴 수 있단 말인가, 안타깝다 못해 울분 섞인 원망은 무심한 세상의 불공평을 탓하게 된다. 사람들은 이제야 그의 흔적을 뒤적였고 그의 보이지 않았던 선행의 소문은 바람결을 따라 많은 이들의 심금을 뒤흔들었다. 너무도 열심히 살았던 굵고 짧은 새 삶, 많이도 아팠던 그의 과거를 뒤돌아본다.

정상적인 가정이 아닌, 어린 미혼모의 자식으로 축복받지 못한 채 세상에 태어났다. 그리고 누군가의 손에 의해 고아원에 버려졌다. 소년의 나이가 되자 그곳이 너무 싫어 도망 나왔다. 결국 초등학교도 졸업하지 못하고 불량아로 전락하고 말았다.

가게를 기웃거리며 도둑질을 하면서 삶을 영유해 갔다. 소년원을 수없이 드나들며 청소년기를 보냈고 특별하게 배운 것이 없어 갖가지 허드렛일 등 잡일을 하며 힘들게 살아갔다. 혈혈

단신이던 그가 세상을 바로 볼 리가 없었다. 모든 시선이 자신을 멸시하는 것만 같아 매일 술에 의지해야만 했고 수입이 있으면 노름으로, 일이 없으면 구걸로 살았다.

그러다 그는 어느 술집에서 자신을 무시한다는 이유로 방화를 저질러 교도소에 수감되고 만다. 어릴 때는 소년원, 어른이 되서는 그것도 중년의 문턱에서 교도소로 간다.

자포자기하며 살아가는 그의 삶은 암흑이었다. 그러다 어느 날 자신의 그런 삶을 뒤바꿔 놓은 어린이재단 잡지를 교도소 안에서 읽게 된다. 내용은 불우한 아이들의 사연이었다. 자신보다 더 불우한 아이들이 있다는 사실을 알았고 그 사연이 그의 어둡게 닫혀있던 마음을 열게 했다. 그는 아이들을 돕기로 결심한다.

그는 몇 년 후 출소하여 일자리를 잡는다. 바로 자장면 집 배달원이었다. 그리고 세 명의 아이들을 후원하기 시작했다. 후원하기 위해서는 옛날처럼 살아서는 안 된다는 결심을 하게 되었고 그는 한 푼이라도 절약하기 위해 술을 끊고 담배를 끊고 정말 열심히 살았다.

급료 70만 원으로 아이들을 후원하고 숙소인 고시원 월세를 내고 노후를 위한 적은 연금과 보험을 넣었다는 그. 그런데 더 가슴 아프게 하는 것은 그 보험료 사후 지급금을 어린이재단 앞으로 했다는 것이다. 마치 자신의 마지막을 예견이라도 한 듯….

적은 급료를 여기저기에 알뜰히 나누어 쓴 그가 어떻게 살았을지 훤히 보였다. 없지만 불우한 아이들을 위해 기부하고 자신의 미래를 위해 저축도 빠뜨리지 않았던 근면함, 누구에게도 폐가 되는 일은 하지 않았다고 한다. 그런데 그렇게 열심히 사는 그에게 시샘이라고밖에 할 수 없는 불행이 어느 날 예고 없이 찾아온 것이다. 아무도 없는 그의 장례식을 후원한 어린이 재단에서 하기로 했다는 뉴스가 나왔다. 한 몸 눕기도 힘든 고시원의 작은 방에는 후원하는 아이들의 사진이 늘 그와 함께 했다.

손전화에도 단축번호 하나 없었다는 사실이 더욱 마음을 아프게 한다. 그의 쓸쓸함과 외로움이 나의 온몸에 전해진다. 많은 사람이 그런 그를 안타까워하며 철가방 선행을 얘기했다.

환하게 웃는 그의 모습에서 한 소년이 떠오른다. 병원에 근무하던 시절, 소년원에 있던 한 소년이 병원에 입원해 간호한 적이 있다. 그와 소년이 어린 날 자라온 환경이 너무 똑같다. 무엇보다도 그의 영정에서 그때의 소년 모습이 보이는 것이다. 잊어버린 것이 기억나듯 늘 떠오르는 소년, 생뚱맞게 그가 소년이 아닐까 생각해본다.

소년은 병세가 호전되면서 교도관으로부터 병실 앞 벚꽃이 피면 소년원으로 돌아가자는 말을 듣고 가기 싫다며 "꽃아, 피지 마라."를 수없이 중얼거렸다. 아직도 몸이 아프다며, 더 병원에 있어야 한다며, 나에게 구원의 눈길을 보냈던 작은 소년.

왜소한 그의 영정에서 자꾸만 소년이 보인다. 눈물을 훔치며 가기 싫어하는 소년에게 위로의 말도 따뜻한 말 한마디를 못해 주고 떠나보냈던, 소년도 그의 나이쯤 되었을 텐데…. 왠지 그가 그때의 소년 같은 생각이 드는 이유가 뭔지 모르겠다.

그는 살아생전 지독한 외로움을 뒤로하고 많은 이의 전송을 받으며 떠났다. 그러나 떠나는 그의 소박한 영정 모습은 그런 삶과 무관하게 행복해 보였다. 교도소에서 출소하여 세상을 돌아가기 전까지 그의 멋진 삶은 사회에 큰 울림을 주었다. 그리고 가까운 이웃에게마저 무심하고 인색한 우리들에게 많은 반성문을 쓰게 했다.

문득 그에 대해 기사를 쓴 어느 기자의 마무리 말이 또 한 번 가슴을 뭉클하게 한다.

당신 5년의 세상은 정말 뜨거웠다고….

도장圖章 이야기

아버님은 여행 갔다올 때마다 아들 선물로 도장을 사오셨다. 그것도 꼭 이름까지 새겨서 가져 왔다. 그리고는 가장 좋고 비싼 도장이라는 것을 강조한다. 벌써 세 번째 똑같은 선물이다.

그 좋다는 상아와 옥으로 만든 비싼 도장은 그대로 서랍 속에서 자고 있다.

1.

친정어머니 살아생전 막내딸 것이라며 장만했던 화초장이 30여 년이 지난 후 나에게 돌아왔다. 그동안 막내딸이 이런저런 핑계로 가져가지 않자 어머니가 당신 것처럼 사용하셨다.

그리고 어머니가 세상을 떠나시자 긴 세월을 돌아 원 주인 곁으로 돌아온 것이다.

아무것도 없는 텅 빈 화초장, 어머니의 흔적이 있을 것만 같았는데 너무도 깨끗했다. 나프탈렌 향내가 쑥 밀고 나왔다. 외출할 때면 어머니 치맛자락에서 나던 냄새, 어머니를 만난 것 같아 가슴이 뭉클하며 코끝이 시큰했다. 팔을 장 속에 넣고 휘저어 보았다. 늘 쓸모가 많을 것이라는 어머니 말씀처럼 장 깊이가 꽤나 깊다.

그런데 장 위 쪽에 작고 앙증맞은 서랍 세 개가 나란히 있는 것이 눈에 들어왔다. 오랜 세월을 보아왔지만 처음 보는 서랍들이었다. 마음에 없었으니 보았다고 한들 눈에 들어왔을 리가 만무하다. 귀중품 보관용 같았다. 어머니는 그곳에 무엇을 넣으셨을까?

첫 번째 서랍을 열었다. 아무것도 없이 깨끗하다. 두 번째 서랍 손잡이를 잡았다. '삐익' 소리를 내며 어렵사리 열렸다. 길이 들지 않아 불편하게 열린 것을 보며 자주 쓰지 않았음을 알 수 있다. 그래, 자식만 알고 지내신 어머니에게 무슨 귀중품이 있어 사용하셨을까, 세 번째 서랍도 두 번째와 마찬가지로 신경질적인 소리를 내며 속을 보였다. 그런데 맨 안쪽에 손바닥 크기의 빨간 천 지갑이 눈에 들어왔다.

뭘까? 손때 묻은 천 지갑을 열었다. 세월이 묻은 낯선 도장 하나가 들어 있었다. 자세히 들여다보니 아버지 도장이었다.

나무 도장이었지만 날렵한 허리 곡선을 가진 몸통, 머리에는 뚜껑까지 갖췄다. 아무래도 손쉽게 쓰는 막도장은 아니고 인감도장인 듯싶었다.

어머니는 아버지가 떠나고 10여 년을 더 사셨다. 그런데 그동안 그 도장을 어떤 사연으로 가지고 계셨던 것일까? 그 10여 년의 세월을 그냥 잊어버리고 놔두셨던 것은 아닌 것 같았다.

손때가 묻어 본연의 나무색마저 퇴색 되어버린 목도장, 아버지에 대한 아련한 그리움이 다가왔다. 유년기에 너무도 커 보였던 최고의 아버지, 방황하던 사춘기 때 멀어진 아버지, 그리고 한 아이의 엄마가 되고서야 아버지를 이해하고 그 깊은 사랑을 알게 되었던, 성장하며 때마다 달랐던 아버지에 대한 나의 철없던 마음이 미안함과 연민으로 다시 되살아나며 가슴이 먹먹했다.

2.

아버지의 도장을 보면서 문득 나의 낡은 목도장을 생각했다. 어디 내놓기도 쑥스러울 정도로 볼품이 없다. 보는 사람들은 웬만하면 바꾸라고 말한다. 그동안 내 손에서 정이 든 것도 있지만 사실 바꾸지 못한 나만의 이유도 있다.

결혼 초 넉넉하지 않던 시절, 어머니는 막내딸 사는 것이 안쓰러웠던지 오실 때마다 이불장에 몰래 돈을 넣어 놓고는 통장을 만들어 부족할 때 쓰라고 당부하셨다. 나는 당연한 듯 받았고 통장을 만들기 위해 벼락치기로 지금의 도장을 만들었다.

그 후 그 도장은 가난한 나의 살림에 별별 용도로 쓰게 되었고 지금은 나를 대신할 인감으로까지 쓰고 있다. 가끔 바꿔볼까 생각했다가도 그때의 어머니 애틋한 마음이 생각나 쉽게 바꾸지 못한다.

2개의 낡은 도장, 하나는 아버지의 체취가 있다. 그리고 또 하나는 어머니의 마음이 들어있다. 주인은 다르지만 어딘가 닮은꼴이 보인다.

도장은 사람을 대신하는 중요한 것으로 생각한다. 쉽게 쓰는 막도장이라는 것도 있지만 인감이라는 특별한 이름도 가지고 있기도 하다. 선물이라는 이름만 가지고 서랍에서 그냥 잠을 자고 있는 남편의 도장, 언제 사용할 거냐고 물으면 건성으로 듣고 만다. 아버님은 좋은 도장은 운을 부른다고 말씀하셨다. 그런데 남편은 계속 써오던 손에 익숙한 도장이 더 좋다며 편해하는 것 같다.

어느 날 어머니 화초장에서 나에게로 온 아버지의 도장, 주인이 없으니 쓸 일 도 없다. 아버지에 대한 추억으로 남아있다. 그러나 볼 때마다 왜 그렇게 짠한 마음이 드는지 모르겠다.

그 골목길은 없다

팔八거리

좁은 골목 양쪽으로 키 작은 집들이 줄을 서듯 길게 늘어서 있다. 참으로 낡았다. 반세기가 넘는 세월이 흘렀지만 문명에 혜택을 전혀 받지 못한 느낌이다.

마음속에서 일어나는 흥분을 애써 감춘다. '맞다, 맞아.'를 수없이 중얼거린다. 순간 어린 계집애 사내아이들이 골목길에서 우르르 쏟아져 나온다. 내가 살던 곳, 날마다 뛰놀던 곳, 낯설지 않다.

그렇게 넓어보이던 길은 소형차 한 대 지나가기도 힘들어 보인다. 이렇게 좁은 길이었나, 그런데 언제 헐렸을까? 고막을

엎어 놓은 듯한 집들 속에서 우리 집만 빈터다. 아버지, 어머니, 언니, 오빠들 그리고 어린 내 숨결이 깃든 곳이었는데….

아직도 행정구역 명칭은 팔八거리였다. 막힐 듯 뚫려 있는 여덟 갈래의 길, 집에서 나와 어느 골목으로 들어가도 팔 거리의 중심인 큰 우물이 나왔다. 그러나 동네 사람들 만남의 장소가 되었고 마음이 소통되었던 그때의 우물은 없다. 하나, 둘, 셋… 여덟 갈래 길이 보이자 좁디좁은 골목이 더 없이 다정하게 다가온다.

긴 세월을 보내고 어쩌면 전혀 다른 얼굴로 있을 것만 같았던 골목은 별로 변한 것 없이 오랜만에 찾아온 동네 친구를 맞아준다. 아직도 옛 친구에게 호기심과 감탄사로 넘치는 기쁨을 주고 있다.

조금만 나가면 수없이 차가 오가는 큰길이다. 참 먼 길이었는데 하는 생각도 잠시, 쭉쭉 뻗은 길이 펼쳐진다. 그런데 유독 팔 거리만이 먼 과거다. 바로 앞 당당함에 가려 초라하기 그지없다. 갑자기 무슨 심사인지 보색처럼 상반된 두 곳을 보며 가슴 한구석에 싸한 찬바람이 도는 것은 어쩔 수가 없다.

가난한 시절이었다. 가난함이 어떤 것인지도, 욕심이 무엇인지도, 걱정이 무엇인지 모르던, 그저 아이들은 한 덩어리가 되어 뛰고 뒹굴었다. 그러나 분주했던 우리의 길은 왠지 활기가 없어 보인다.

사람은 아무 까닭 없이 쓸쓸해질 때가 있다. 그래서 문득

옛것에 대한 그리움으로 길을 찾아 떠나기도 한다. 연어가 본향을 찾아 어머니의 강으로 거슬러 가듯. 팔거리에 서 있는 나에게 길이 깊은 물음을 던진다. 옛길에서 얼마큼의 위안을 받았냐고.

언제부턴가 현대인의 가슴은 아스팔트로 점령되어갔다.

연탄골목

동네에 큰 연탄공장이 있었다. 주위는 늘 시커먼 연탄가루가 날렸고 온통 검은 사람들뿐이었다. 그리고 비가 오는 날이면 길은 검은 팥죽이 되어 두 발을 깊숙이 잡아당겼다. 장화는 없어서는 안 될 필수품이었다.

큰 신작로에 있는 연탄공장을 끼고 들어가는 우리 집 골목은 꽤나 길었다. 사람들은 그곳을 연탄골목이라고 했다. 초저녁 아이들이 놀다 집에 들어가고 밤이 깊어지면 외등도 없는 골목은 무서웠다. 그러나 한낮의 골목은 아이들에게 즐거움을 주는 더할 수 없는 놀이터였다.

초등학교 시절 내내 연탄골목에서 살았다. 우리 집은 초가집이었다. 여름날 마당 한구석 장독대 둘레에 봉숭아꽃이 소박하게 피었다. 봉숭아물을 들일 때면 아이들을 불렀다. 골목에는 부르면 언제나 달려 올 수 있는 아이들이 있었다. 가을이면 새로운 이엉 엮기에 집안은 잔칫날처럼 일꾼으로 북적였다.

어느 날 불현듯 선명하게 떠오르는 연탄 골목, 시간가는 줄 모르고 고샅을 누비고 놀던 아이들을 향해 저녁밥 먹으라고 부르는 어머니의 목소리가, 그리고 아침이면 대문 앞에서 학교 가자며 내 이름을 불러주던 목소리가 귓전에 바짝 다가온다. 연탄골목에는 뭔지 모르는 아늑한 따뜻함이 있었다.

정오가 되면 골목이 시작되는 곳에서 동동구리무 장수의 북소리가 울리기 시작했다. 단 한 번도 시각을 어긴 적이 없는 구리무 장수, 우리는 동동 아저씨의 장단에 맞춰 어깨를 들썩거리며 골목골목을 누볐다.

어쩌다 그 근처를 지날 때가 있다. 그때마다 잃어버린 무엇인가를 찾는 것처럼 나도 모르게 두리번거리며 '옛날에 뭐가 있었어.' 하며 자꾸만 비교를 한다.

옛날의 연탄골목은 없다. 그러나 덧없이 행복했던 시절의 기억은 눈에 보이듯 넘실대고 있다. 언제 지나갔는지 모르는 세월처럼, 타고 가는 차는 금세 그곳을 지나쳐버린다. 아쉬워하며 고개를 한없이 돌려보지만 낯선 것들만이 무심히 나를 보낸다.

산동네

또 다른 삶의 일부였던 막다른 골목의 끝 집, 오르막길을 걸어 올라가면 여름에는 땀이 비 오듯 쏟아졌다. 겨울에는 눈이라도 오면 미끄러워 걷기가 힘들다. 골목사람들은 너도나도 연탄재를 깨트려 하얀 비포장 길을 만들었다.

결혼을 하여 첫 둥지를 틀었던, 대다수의 사람들은 그곳을 산동네라고 불렀다. 숨가쁜 오르막길과 마당이 거의 없는, 사이좋게 다닥다닥 붙어있는 그런 집들이 대부분이다.

미로 같은 골목, 어린 날 숨바꼭질하던 골목을 떠올리게 하는, 어느 쪽으로 나가도 큰 길은 나왔다. 저녁때만 되면 날마다 버스정류장으로 그를 마중 나간다. 가난하지만 넉넉했던 신혼시절, 잠깐의 헤어짐 뒤에 만남은 그렇게 반가울 수가 없었다.

외등의 어스름한 불빛이 골목길을 길게 비추었다. 집으로 향하는 길에서 우리는 반나절 이야기를 바쁘게 쏟아냈고 미래의 이야기도 앞질러 나눴다. 미로 같은 골목은 지루하기보다는 시골 집 뒤란처럼 정겨웠다.

담도 없었던, 우리의 작은 방 벽이 담이었다. 삶을 꾸려나가고 사랑을 나누던 보금자리 어느 대궐집이 부러울까, 때로는 방의 작은 창문을 통해 골목길을 내다보면 그를 기다렸고 멀리서 들려오는 낯선 발자국소리에 귀를 세우기도 했다. 그리고 첫아이를 가져 배부른 무거운 몸으로 오르막길은 걸어갈 때면 힘든 현실에 조금 나은 보금자리를 수없이 소망하기도 했다.

산동네는 내 어린 날 골목과는 달리 아이들이 많지 않았다. 얼마 멀지 않는 곳에 대학교가 있어서 아이들보다는 가난한 자취생들이 많았다. 밤이면 희미한 외등 빛을 통해 연인의 모습도 보였다.

우리는 가장 큰 기쁨이었던 딸아이를 얻고 아이가 걸음마를 할 즈음 정든 그곳에서 이사를 했다. 누구나 추억이라는 이름으로 그리워하는 공간은 있듯이 나에게 산동네는 더욱 그러한 곳이다

문득 시인 천상병 시 한 절이 떠오른다. 아무 때나 아무 곳이나 찾아갈 수 있는 자유로운 바람을 생각한다.

…보이지 않는 길을
바람은 용케 찾아간다
바람 길은 사통팔달이다.

보이지 않는 길을 용케 찾아가는 바람처럼 나도 기억 속의 골목길을 찾아가고 싶을 때가 있다. 그래서 그때의 소박한 삶의 자취를 다시금 보고 싶은 것이다.

화장하는 여자

매일 그녀 집을 놀러갔다. 왜 그런 별칭으로 부르게 되었는지는 기억할 수 없지만 그녀를 도깨비 아짐이라고 불렀다. 곱게 화장한 얼굴, 쪽찐 검은 머리, 항상 그렇게 단장하고 다녔다. 자식이 없던 그녀는 아이를 무척 예뻐했다.

어느 날 그녀가 거울 앞에서 화장을 하는 모습을 보게 되었다. 얼굴에 구리무를 바르고 귀한 하얀 분을 오랫동안 정성스레 토닥거렸다. 그리고 새끼손가락으로 입술에 뭔가를 바르자 붉게 물들었다. 아랫입술 옆에 애교 점도 찍었다. 마무리는 동백기름을 바른 검고 윤기 나는 긴 머리칼을 쪽을 찌어 비녀를 꽂았다.

아이는 그날 알 수 없는 은은한 향내를 맡으며 예쁘게 변해가는 도깨비아짐의 모습을 넋 놓고 바라보았다. 그리고 어른이 되면 꼭 저렇게 단장을 해보리라 마음먹었다.

1.

우연히 어느 T.V 프로를 보다 화장법을 소개하는 것을 보게 되었다. 여성의 변신과정을 소개하는데 화장을 하지 않은 현 모습과 화장을 한 후 모습이 나왔다. 같은 사람일까 할 정도로 전과 후는 몰라보게 달랐다.

뛰어난 화장술은 놀라웠다. 자신의 약점은 덮어 장점으로 돋보이게 만들고 가지고 있는 장점은 더욱 부각시켰다. 조작과도 같은 변신이 또 다른 모습으로 탄생시켰다. 여자의 변신은 무죄란 말이 생각났다. 그런데 이런 좋은 의미의 변신이 자신의 은밀한 장소가 아닌 아무 곳에서나 바꾸는 여자들을 종종 보게 되는 경우가 있다.

얼마 전 이른 아침 버스에서 일이다. 버스에는 출근하는 사람들로 꽉 차 있었다. 그런데 제일 뒷좌석에 대학생 같기도 하고 직장인 같기도 한 여성이 눈에 들어왔다. 그녀는 손거울로 얼굴 여기저기를 보고 있었다. 잠시 후, 가방에서 이것저것 화장품을 꺼내더니 화장을 하기 시작했다. 아침에 바빠서 못하고 나왔거니, 간단히 하겠지 하는 생각은 빗나갔다. 쳐다보기 민망할 정도로 바르고 두드리고 할 것 다 하는 것이다.

좁은 버스 안에 뒤섞인 짙은 화장품 향내가 유쾌하진 않았다.

그녀는 일렬로 앉는 뒷좌석 창문 쪽 비좁은 자리에 앉아서 옆 사람은 아랑곳하지 않고 그렇게 화장을 열심히 하고 있었다. 그리고 마지막 마스카라를 하려고 눈을 뒤집고 거울을 보는 순간 옆에 불편하게 앉아 있던 남자가 도저히 참을 수 없었는지 기어코 한마디 하고야 말았다.

"좁은 좌석에서 무슨 짓이오? 사람이 에티켓이라는 것이 있어야지 화장은 집에서 하는 것 아니오?"

그녀는 말한 사람이 무색할 정도로 그냥 힐끗 한번 쳐다보더니 마스카라를 마저 바르고 화장을 끝냈다. 앞좌석 사람들이 한 번씩 다 돌아보지만 신경도 쓰지 않는 눈치였다.

여자의 변신에 대한 환상이 깨지는 순간이었다.

2.

미숙은 결혼 15년차, 대학을 졸업하자마자 10년 연상인 남편을 만나 결혼을 한다. 한때는 꿈 많은 소녀였지만 그 사실을 까마득히 잊어버리고 스스로 오직 자식과 가정을 위하는 일이 자신의 삶이라고 생각하며 살아간다.

그러던 어느 날 미숙은 딸아이와의 작은 말싸움에서 충격적인 말을 듣게 된다. 자기는 엄마처럼 살지 않을 거라며 내 삶을 간섭하지 말라고 한다. 미숙은 그날 자신의 인생에 대해 끝없는 회의감으로 괴로워한다.

미숙은 거울 앞에 앉아 그동안 남편과 자식에게 인정받지 못한 삶과 자신에게 투자하지 못하고 누구의 아내 누구의 엄마로 살아온 삶을 돌아본다. 그리고 자신의 인생이 사라진 공허감에 빠진다.

미숙은 이제라도 자신이 하고 싶은 일을 찾기로 결심한다. 그것은 여자로서 자신감을 심어주는 화장을 해주는 뷰티 플레너의 길을 택한다. 미숙은 자신을 위해가는 삶을 살아가며 서서히 그 꿈을 이루기에 이른다.

지난해 한 소극장에서 보았던 연극 〈화장하는 여자〉 줄거리다. 주인공 스스로가 살림하는 여자는 화장을 하며 안 되는 것처럼 살아간 여주인공의 이야기다.

보따리 사랑

돌아서는 발길이 무겁다. 뒤따라오는 어머니를 문안으로 떠밀지만 한사코 나오신다. 막내딸과 한번이라도 더 눈 도장을 찍기 위함이다. "또 올게요." 짧은 인사로 그냥 차에 몸을 싣는다. 어머니는 차가 멀리 사라질 때까지 지켜볼 것이 뻔하다. 뒤돌아보기가 망설여진다. 지팡이에 몸을 의지하고 서 계신 어머니의 작고 애잔한 모습이 점점 멀어지면서 차 백미러에 하나의 점으로 남는다.

발밑에는 꼬옥 싸여있는 보따리가 놓여있다. 무엇이 들어있을 것을 대충 짐작하면서도 남편은 뭐냐며 묻는다. 슬그머니 보따리를 풀었다. 그 속에 있던 물건들이 흐트러지며 모습을 드러냈다.

수건 3장. 3단 우산. 인삼비누 3개들이 1상자. 비닐에 겹겹이

싸인 마른 오징어뭉치. 어머니의 체취가 물씬 풍겼다. 갑자기 목으로부터 뜨거운 것이 울컥 올라왔다.

어머니가 계시는 광주에 내려가는 것은 헤아려보아야 한 해에 두세 번 정도다. 그것도 잠깐 얼굴만 비치고 내 생활을 핑계 삼아 서울로 올라오기에 바쁘다. "딸년들은 시집가면 다 소용 없어야." 바람처럼 왔다 가버리는 막내딸에 대한 섭섭함을 감추지 못하며 내뱉는 어머니의 푸념을 매번 매정하게 모른 체 한다.

어머니는 내가 결혼하던 날부터 이날까지 갖가지 보따리를 챙겨주셨다. 손수 만드신 밑반찬에서부터 나에게 필요하다고 생각되는 모든 것들이었다. 가난한 신혼생활에 어머니의 보따리는 큰 보탬이 되었다. 집안에 밑반찬이 있어야 갑자기 손님이 와도 당황하지 않는다며 입버릇처럼 말씀하셨다.

보따리 챙겨주기는 긴 세월 동안 거르지 않고 해오던 어머니의 유일한 재미였다. 그동안 나 역시도 꼬박꼬박 챙겨주는 보따리를 받아왔다. 가끔은 더 주지는 않나 하고 두리번거리기도 했다.

어머니는 막내가 해달라는 것은 다 해주었다. 그렇게 무엇이든지 해주던, 젊게만 보였던 어머니는 어느날 허리가 굽고 너무 늙어있었다. 내가 첫아이를 낳고서야 어머니의 모습을 바로 본 것이다.

몇 해전 난 어머니의 그 일을 억지로나마 졸업을 시켜드리기로 했다. 어머니의 연세도 있고, 이젠 나도 잘하고 있으니 그만 챙겨주셔도 된다고 만류했다. 그후로 팔순 노모는 힘이 부쳤는지 아니면 막내의 만류 때문이었는지 보따리 챙기는 일을 그만두었다.

큰 짐을 벗은 듯 마음이 후련했다. 그러나 그 편안함도 잠깐, 얼마 가지 못했다. 어머니는 품목을 바꿔 다시 보따리를 챙기기 시작했다. 그것들은 너무도 흔한 것이었다. 하지만 어머니에겐 귀하고 소중한 것들이었다. 생각건대 그 물건들은 어디서 기념품으로 받아 왔거나 선물 받으신 물건이 분명했다. 오랜 시간을 어머니의 깊은 장 속에서 잠을 자고 있다가 막내딸이 와야만 빛을 보았다.

어린 시절이 떠오른다. 어딘가 외출을 했다 돌아오시는 어머니의 손에는 언제나 보따리가 들려있었다. 유동에 있는 외갓집 다녀오실 때도, 장날에도, 그리고 잔칫집에 다녀오실 때도….

난 어머니를 기다리는 것보다 보따리를 더 눈 빠지게 기다렸다. 집에 돌아오신 어머니가 보따리를 풀 때마다 제일 먼저 그 앞에 쪼그리고 앉았다. 기대에 찬 눈빛으로 무엇이 나올까 가슴을 설렜다. 보따리 속에선 요술을 부리듯 갖고 싶었던 물건이며 먹고 싶은 것들이 술술 쏟아졌다. 그때마다 정말 운 좋은 날이라는 생각에 입을 다물지 못했다.

무엇보다도 제일 기다리며 기대했던 보따리는 어머니가 장에

갔다오는 날이다. 그날은 유난히 보따리가 크다. 먹거리며 옷가지며 신발이며 온갖 물건들이 가득하다. 아버지 것, 오빠들 것, 내 것 그러나 어머니 것은 항상 없었다. 당신은 뒷전이었다. 하지만 철없는 막내딸은 어머니 물건 같은 것은 안중에도 없었다. 그저 제 것이 빠지는 날에는 심한 골부림을 냈다.

어머니의 손에 들린 보따리를 좋아했던 어린 날의 추억은 이제 무딘 내 생활 속에 묻혀갔다. 그런데 지금에 와선 어머니의 보따리 사랑을 가끔은 귀찮아하면서 때로는 그 사랑에 마음 아파하며 눈시울을 붉힌다.

늦둥이였던 막내에게 유난히 애착을 보이는 노모를 보며 가끔은 모성이라는 것을 생각하게 된다. 지금 나는 두 아이의 어머니가 되었다. 그러나 그 이전에 자식으로서 난 어머니에게 무엇을 주었는가 되짚어 보지만 정작 아무것도 없다.

보따리를 들려보내는 다음날은 꼭 어머니에게서 전화가 온다.

"보재기 풀어 봤냐. 거시기 수건이 징그랗게 두툼하고 좋아서 넣었다. 우산은 3단이라 가방 속에 넣고 다니믄 좋것드라. 오징어는 울릉도산인디 맛싯써야. 참 인삼비누는 냄새가 조응께 누구 주지 말고 꼭 니그들 써라 잉."

막내는 그림자도 이쁘다는 어머니, 주어도 주어도 부족하다고 생각하신다.

'꼭 니그들 써라잉.' 길게 늘어진 어머니의 그 말이 처량하기 그지없다.

동숙의 노래

중학교 입학하던 해 봄이다. 늦은 오후에 50대로 보이는 한 남자가 우리 집을 찾았다. 그는 세를 놓은 방을 보기 위해 왔다고 했다. 그리고 방은 건성으로 보고는 금방 계약을 하고 며칠 내로 이사를 오겠다며 급히 돌아갔다.

며칠 후, 그는 아내인 듯한 여자를 앞세우고 이사를 왔다. 식구는 달랑 두 사람, 그들은 살림살이를 싣고 들어오는 보통의 이사와는 달리 보따리 같은 이불 봇짐과 여행가방 하나만을 들고 들어왔다.

40대쯤 되어 보이는 여인, 그녀는 아무렇게 틀어 올린 머리에 검게 그을린 얼굴, 웃으면 유독 광대뼈가 동그랗게 도드라져 보였다. 일만 하다온 시골 아낙네 모습이었다. 그들은 부부라고 했다.

어머니는 아무것도 없이 이사 온 그들에게 이유도 묻지 않고 당장 아쉬운 것들을 몇 가지 챙겨주셨다. 그들은 다음 날 나가더니 이런저런 세간들을 들여왔다. 그렇게 며칠을 들락거리더니 금세 방은 신접살림처럼 새것으로 채워졌다.

어머니는 그녀를 뭐라고 부르기가 곤란했던지 아이 이름을 물었다. 그때 그녀는 우물쭈물하더니 그냥 화순댁이라고 불러 달라고 했다. 그날부터 그녀는 화순댁으로 불려졌다. 그녀는 어머니와 금방 친해졌고 주인집 막내딸인 나도 무척 예뻐해 주었다.

화순댁의 남편은 주말 부부처럼 월요일 아침에 나갔다 토요일이 되면 집으로 돌아오고는 했다. 그는 항상 말이 없었고 날 보고도 그냥 씩 웃는 것이 전부였다.

화순댁은 혼자 있는 날에는 꼭 날 불렀다. 그런 날이면 나는 그녀 방으로 건너가 배를 깔고 누워 숙제도 하고 말동무도 되어 주었다. 매번 숙제하고 있는 내 옆에서 기웃거리더니 어느 날 부탁이 있다며 큰 노트 한 권을 내밀었다. 그리고는 한글을 배우고 싶다고 했다. 집이 가난해 초등학교도 가지 못했다며 멋쩍게 웃었다.

느닷없이 가정교사가 되었다. ㄱ,ㄴ,ㄷ부터 가르쳤다. 그러나 생각보다 글을 깨우치는 속도가 빨랐다. 어느 정도 깨우치자 노트에 대중가요 가사를 적어 달라고 했다. 그리고 날마다 라디오에서 노래가 나오면 가사 적힌 노트를 펼쳐 놓고 열심히 따라 불렀다. 그녀는 문주란의 〈동숙의 노래〉를 참 좋아했다.

"너무나도 그 님을 사랑했기에 그리움이 변해서 사무친 미움 원한 맺힌 마음에 잘못 생각해 돌이킬 수 없는 죄 저질러놓고…."

시간만 나면 노트를 펴놓고 손바닥 장단을 치며 노래를 열심히 불렀다.

내가 고등학교 가면서 우리 집은 오랫동안 살았던 마당 넓은 집에서 양옥으로 이사를 갔다. 화순댁도 같이 따라 가겠다며 작은방 하나를 달라고 했다. 어머니도 정이 들만큼 들어 같이 가자고 하셨다. 다시 한 지붕 식구가 되었다. 그런데 이사를 하고 몇 달쯤 지났을까? 속으로만 궁금해 하던 화순댁에 대한 사연을 듣게 되었다.

화순댁은 삼 남매가 있었다. 그러니까 첫 남편에게서 낳은 자식이었다. 첫 남편의 심한 주사와 폭력을 견디다 못해 아이들을 두고 집을 뛰쳐나왔다. 집에서 멀리 떨어져 나와 온갖 궂은일을 하며 혼자 살았다. 집에 두고 온 자식들에 대한 미안함과 죄책감이 있었지만 두 번 다시 집에 들어가고 싶지 않았다. 언젠가는 자식 버린 죗값을 받을 거라며 자책했다. 지금의 남편은 어느 음식점에서 일하다 만났고 그 역시 본 부인이 있었다. 어쩌다 결혼한 본부인은 심한 정신 장애를 앓고 있는 사람이란다.

화낼 줄 모르는 성품, 늘 웃는 얼굴은 그녀가 살아온 지난 삶과는 너무도 다른 모습이었다. 겉으로 드러내지 못하고 그

아픔을 품고 살았을 처지가 참 안쓰러웠다.

화순댁은 우리 집에 들어와 일곱 해를 살고 큰 방을 얻어 나갔다. 어머니는 마치 딸을 살림 내는 것처럼 섭섭해 하셨고 서로 눈물을 흘리며 헤어졌다. 그녀는 어머니에게 있어 친구 같았고 때로는 동생 같은 그런 사람이었다. 그렇게 이사를 간 후 난 그녀의 소식을 어머니의 입을 통해 이따금 듣게 되었다.

그리고 다시 만난 것은 내 결혼식 때였다. 정말 오랜만의 해후였다. 그녀는 많이 변해 있었다. 틀어 올린 머리를 자르고 파마를 했다. 검던 피부도 많이 희어진 것 같았고 조금은 세련된, 그동안 세월이 흘렀음을 알 수 있었다.

"내 한글 선생님이 벌써 커서 시집가네."

웨딩드레스를 입고 신부실에 앉아 있는 내 모습을 그윽하게 바라보았다.

"아줌마 멋쟁이 되셨어요. 지금도 〈동숙의 노래〉 잘 불러요?"

뜬금없는 물음이었다. 그녀는 그냥 빙긋이 웃었다. 잠시 어색한 분위기 흘렀지만 금세 우리는 웃음으로 반가움을 나눴다. 그때가 그녀를 본 마지막모습이었다.

그 후 소식을 들은 것은 어머니가 거동을 못하고 자리 보존하고 누워계신 때이다. 그녀가 양로원에서 기거하고 있다는 놀라운 소식이었다. 지병을 앓던 남편은 병이 악화되자 본가에서 자식들이 데려갔고 혼자가 된 화순댁도 모든 것을 정리하고 시설기관으로 들어갔다. 그런데 아무도 몰래 소식을 주고받았던 그녀의 아들이 몇 번이나 모셔가겠다고 왔지만 가지 않았다고 한다. 자식을 버리고 나왔는데 무슨 어미의 자격이 있겠냐고 했다는 것이다.

어머니가 마지막으로 면회를 가던 날 화순댁은 어쩌면 아들네로 가야 할 것 같다고 했단다. 죽어도 아들네로는 가지 않겠다더니 이제 늙었는지 염치없게도 아들 옆으로 가고 싶어진다면서 어머니 앞에서 속마음을 털어놓으며 눈물을 흘렸다는 그녀, 노년의 깊은 외로움은 어쩔 수 없었던 것 같다. 그때 어머니는 안도의 한숨을 쉬시며 말씀하셨다.

"불쌍한 사람, 무신 놈의 팔자가 그런지. 이젠 죽어도 자식손에 가것지 암…." 당연한 순서처럼 제 갈 길을 간 그들, 헤어지면서 무슨 말을 했을지, 그리고 그녀가 왜 그렇게 동숙의 노래를 좋아했을까? 문득문득 하는 생각이다.

"너무나도 그 님을 사랑했기에…."

그녀의 손바닥 장단이 애처롭게 들려온다.

살만해

1.

"얼마나 착해. 요즘 세상에 시댁에 들어와 살겠다니."

여기저기서 칭찬 일색이다.

김 여사는 사십대 후반에 혼자되었다. 홀로 삼남매를 잘 키워 지난해 봄 막내아들까지 결혼시켰다. 그녀는 하나밖에 없는 아들이지만 저희들끼리 편히 살게끔 지금 내보내겠다고 입버릇처럼 얘기했었다. 그러나 그것은 그녀의 생각이고 마음이었다.

친구들이 모두 시어머니와 같이 살겠다는 며느리를 기특해 했지만 그녀는 한결같이 하는 말이 있다.

"뭐 날 생각해서 살겠어. 형편이 안 되니까 나한테 얹혀사는 거야."

아들은 엄마 혼자 사시게 할 수 없다며 기어코 같이 살겠다고 했다는 것이다. 김 여사 지금 내보내겠다고 그렇게 말은 했지만 아들의 마음을 거절할 수가 없어 같이 살기로 했단다.

"그런데 아이들이 얹혀산다고 생각할까? 분명 모시고 산다고 하겠지, 혹 며느리살이 하는 것 아냐?"

같이 살겠다는 며느리가 착하다고 하면서도 약간 엇나가는 말투가 거슬렸는지 평소 화끈한 성격의 김 여사 친구들의 불신을 한마디로 제압해 버렸다.

"생활비 꼬박꼬박 내놓기로 했고 무슨 며느리살이? 분명히 말하지만 아니다 싶으면 당장 내보낼 거야."

언제부턴가 시집살이란 말보단 며느리 살이란 말이 더 익숙하게 들린다. 시어머니와 며느리의 입장이 뒤바뀐 세상이 되었다. 자존심이 대단한 김 여사 며느리살이란 말이 탐탁지 않은 듯 아들 내외가 얹혀산다고 매번 강조한다.

얼마 전에 김 여사 집에 경사가 있었다. 손자가 태어났다. 종종 손자 봐야 된다며 모임에 빠지는 때가 있다. 바쁘다는 말을 수시로 한다. 그리고 이런저런 핑계가 많아졌다.

말하기 좋은 사람들 며느리살이가 시작되었다며 쑥덕거린다. 그러나 김 여사 때로는 며느리와 사는 것이 불편할 때도 있다고 하면서도 이 말만은 꼭 한다.

"그래도 살만해."

2.

30년 넘게 떨어져 살았던 시부모님이 시골살림을 정리하고 우리 곁으로 오시게 되었다. 한사코 시골에서 살겠다며 고집을 피우시더니 어느 날 갑자기 이제 자식들 옆에서 살고 싶으시단다.

아들인 남편은 아무도 없는 고향에서 두 분만 살고 계시니까 진즉부터 올라오시라며 권유했다. 그러나 항상 거절하셨다. 그런데 무슨 마음에선지 쉽게 결정을 내리셨다.

아버님은 그래도 끝까지 고향에서 살겠다며 올라오시지 않겠다고 했다. 그러나 어머니 거센 입김은 아버님 고집도 꺾었다. 그런데 어머니의 또 다른 말씀이 친구들이 자식 옆으로 가는 것을 다 반대하셨단다. 둘이 홀가분하게 편히 살다 이제야 무슨 자식 집으로 가냐며 친구들도 없고 서로 불편할 텐데, 다 늙어 며느리살이 할 거냐고 했다는 것이다.

어머니 말씀은 이러했다.

"다 맞는 말이다, 그러나 이제 늙은 노인들만 사는 것도 남 보기가 그렇다."

남편은 아들이라 그런지 부모님 결정을 당연히 받아들였다. 장남이니까 언젠가는 부모님을 책임을 져야 한다는 생각은 하고 있었지만 막상 결정이 되고 보니 솔직히 내 마음은 녹록지 않다. 소식들은 친구들이 우스갯말로 한마디씩 한다.

"새삼스레 웬 시집살이? 고생 좀 하시겠수."

우스갯말로 들리지 않는다. 나도 어쩔 수 없는 며느리란 생각이 든다.

한 달 후, 시골 살림을 정리하고 우리 곁으로 오셨다. 친구들이 말하는 그 고생이라는 것이 어떤 것인지는 아직 그림이 그려지지 않는다.

평소 나는 훗날 며느리를 맞으면 한집에서 살지 않겠다는 것이 나의 지론이다. 지금도 변함없다. 그러니까 장가간 아들과 같이 살지 않겠다는 것이다. 우선 자식 사랑에 끝이 없는 어머니 생각과 그 그늘을 벗어나고픈 자식들의 상반된 생각이 수시로 부딪칠 것이다. 그리고 아들이라는 한 남자를 두고 어머니와 며느리 두 여자의 시각 차이로 인한 갈등이 만만치 않으리라는 생각 때문이다.

복잡해진 머리와 마음을 정리하려 한다. 빠른 결정이 관계를 편하게 할 것 같다. 물론 가끔은 보이지 않는 갈등도 괴로움도 즐거움도 있을 것이다. 혹 시집살이가 아닌 어머님 입에서 며느리살이란 말이 나올지도 모른다, 하지만 두 고부가 꼭 이런 말을 할 수 있었음 하는 간절한 바람이다.

"함께 살만해."

꽃아 피지 마라

열서너 살쯤 되었을까? 까까머리, 하얀 얼굴, 휠체어에 매달린 링거 주사기가 꽂아진 가는 팔목은 손만 대도 부러질 듯하다. 그러나 표정은 참 밝다. 병실을 찾다 그 아이에게서 시선이 멈췄다. 금방 낯이 익다. 어디서 보았을까….

소년은 처음 보는 나에게 대뜸 이름부터 물었다.

"이름이 뭐야?"

무례하기 짝이 없는 소년을 보며 기분이 언짢아 대답하기도 싫었다. 약만 침대 위에 놓고 병실을 나오려는데 약간 풀죽은 목소리로 다시 인사를 건넸다.

"누나 안녕."

언짢아진 기분이 스르르 풀렸다. 소년과 그렇게 처음 만났다.

그때 나는 그 병원에서 간호 실습생으로 근무하고 있었다.

소년의 병실을 하루에도 몇 번씩 드나들었다. 일반 병실은 약 배달과 아침저녁 바이탈체크(맥박, 호흡, 혈압)로 드나들지만 아이는 귀찮을 정도로 인터폰을 눌렀다.

소년의 호출 때 불려 들어가는 사람은 실습생인 나였다. 자주 병실을 들락거리다 보니 자연스럽게 소년과 친해지기 시작했다. 그리고 처음에 느꼈던 불량스러운 모습도 서서히 묻혀갔다.

소년은 누가 되었든 병실에 들어가면 집이 어디냐, 누구 누구와 사느냐 등 가족에 대한 아주 일반적인 이야기를 똑같이 반복적으로 물었다. 누군가와 끊임없이 이야기를 하고 싶어 하지만 개인적으로 소년을 찾아오는 사람은 없었다.

병상일지에서의 소년 나이는 15세였다. 병명은 급성결핵, 소년원에서 병원 온 지 2주째였다. 소년은 성장이 멈춰버린 듯한 작은 키에 깡마른 몸, 얼굴은 백지장처럼 하얗다. 몇 날 며칠 떨어지지 않는 고열로 인해 병원에 실려 왔다.

소년의 병실 앞에는 언제나 건장한 남자가 보초병처럼 교대로 지켰다. 소년은 그들만 병실에 들어오면 간호사들에게 환하게 웃는 모습과는 달리 여기저기 아프다며 끙끙 앓는 소리를 냈다.

어느 날이다. 점심시간을 이용해 빵을 사가지고 소년의 병실에 들어갔다. 그런데 이불을 머리끝까지 푹 뒤집어쓰고 누워 있었다. 깨웠지만 아무런 반응이 없었다. 살그머니 이불을 젖히자 갑자기 "악" 하며 깔깔대고 웃었다. 영락없는 장난꾸러기

어린아이였다.

사실 소년의 지난날이 궁금했다. 소년은 묻는 말에는 무조건 '몰라 몰라' 하면서 강하게 고개를 저었다. 싫으면 하지 않아도 된다는 말에 그렇게도 굳게 닫혀있던 무장된 마음이 열리며 이야기를 술술 풀어놓기 시작했다.

소년은 보육원에서 자랐다. 기억은 없지만 걸음마시절에 누군가의 손을 잡고 들어갔다. 초등학교에 들어가서도 공부에 재미를 느끼지 못했고 졸업을 코앞에 두고 보육원을 뛰쳐나왔다. 무엇보다도 보육원 출신이라는 아이들의 시선이 가장 싫었다. 막상 나왔지만 갈 곳도 없었다. 배가 고파 구걸도 하고 가게에서 먹을 것을 슬쩍 훔쳐 먹기도 했다. 그러다 우연히 남의 집 열린 대문을 통해 눈에 띄는 라디오를 훔치다 들켜 소년원에 들어간 것을 시작으로 절도 상습범이 되었다.

소년은 슬렁슬렁 내뱉듯 이야기를 했다. 아무런 죄의식도 없는, 어찌 보면 자신이 해온 일들이 당연한 듯한 표정이었다.

소년은 빵을 단숨에 먹어치웠다. 그리고 당당하게 말했다.

"누나, 내일도 빵 두 개 사와."

간호사실에 있는 먹을거리도 소년에게로 갖다 주지만 항상 손가락 하나를 치켜 올리며 "하나만 더."를 외쳤다. 소년은 그 무엇을 주어도 허기를 느끼는 듯했다.

소년에게 엄마가 보고 싶지 않으냐고 조심스레 물었다. 소년은 고개를 심하게 저었다. 그러면서도 힘없이 풀린 눈을 어디다 둬야 할지 몰랐다. 그런 모습을 보며 소년의 마음이 거짓임을 알 수 있었다. 엄마에 대한 기억이 전혀 없는 소년에게 엄마는 표현조차 어려운 깜깜한 존재였을지 모르겠다.

40도를 오르내리던 고열도 슬며시 내려가고 혈색도 조금씩 돌아왔다. 소년은 어느 날인가부터 소년원으로 돌아갈 것을 걱정했다.

"누나 나 언제쯤 보낼 것 같아? 아직 머리도 아프고 다 아픈데."

매번 묻는 소년의 물음에 한 번도 대답을 해주지 못했다. 몸이 그만하니 퇴원할 수 있다는 희망적인 말은 소년에게는 달갑지 않다는 것을 뻔히 알기 때문이다.

"어제 아저씨가 저 나무에 꽃 피면 간다 그랬어."

소년은 시무룩한 표정으로 중얼거리기 시작했다.

"가기 싫어. 꽃아, 피지 마라…."

그러나 소년은 일정을 앞당겨 병원을 떠났다. 분홍 꽃봉오리가 수없이 맺힌 벚나무는 소년이 떠나고도 한참 후에 활짝 피었다.

휠체어를 밀며 병원 복도를 무법자처럼 다니는 소년의 모습에 주먹으로 눈물을 훔치며 떠나던 또 다른 소년의 모습이 오버랩된다. 한없이 외롭게 떠나는 소년의 뒷모습이 연민으로 일깨운다. 더 따뜻한 말을 해주지 못한 미안함에 또 가슴이 싸하다.

지금쯤은…소년의 안부가 문득 궁금해진다.

3부

느낌, 즐겨찾기

온 천지에 봄이 찾아왔다. 언제인지 모르게 죽은 듯이 있는 잿빛 나무에서도 푸른 생명이 솟았다.

키 작은 소나무 숲에서 새들이 그들의 소리로 지껄여 댄다. 참새다. 그동안 수없이 그 길을 지나다녔지만 처음 듣는다. 참새가 있었나? 새로움으로 다가오는 참새의 지저귐이 산책길의 발걸음을 가볍게 한다.

겨울내 보지 못했던 호수의 물빛도 아직은 맑다. 찬바람이 불고 날씨가 추워지면 물빛이 맑아 보인다. 그러다 기온이 올라가고 더워지기 시작하면 물빛은 차츰 탁해진다. 가끔 해의 황금빛과 물빛이 어우러진 호수를 만날 때가 있다. 이럴 때 오감은 활짝 열린다. 스멀스멀 밀려오는 느낌은 눈을 그곳에 고정시킨다. 그 시각 공원 호숫가에 있는 많은 아마추어 사진작가들이 렌즈에 색깔과 빛을 가두는 셔터 소리가 이곳저곳에서 들려온다.

봄날의 호숫가 햇빛은 아무래도 오후 6시가 제격이다. 사위어 가는 빛을 안고 있는 나무들과 조형물, 그리고 산책하는 사람의 모습, 여유와 느긋함이 보인다. 무심히 지나쳐 버릴 수 있는 작은 것들에서 봄이라는 계절과 시각, 그 공간에 맞추어 마음은 작은 동요를 일으킨다.

호숫가 난간에 기대고 서 있는 젊은 남녀가 참으로 다정해 보인다. 때론 두 사람은 손을 잡았다 어깨동무를 했다 아마를 맞대고 부비기도 한다. 그때, 어느 작은 호숫가 주위를 적당한 간격을 두고 걷는 두 남녀의 그림이 서서히 오버랩 된다.

그와 나는 어정쩡한 사이였다. 요즘 연인을 말하는 여자친구 남자친구라고 말하기도 아니라고도 뭣한, 탐색기라는 표현이 옳을까? 호숫가 주위 난간에 기대어 갖가지 모습으로 연인임을 말하는 젊은 남녀처럼 확실한 사이가 아니었지만 그러나 터놓지 못한 서로의 감정은 연인 이상이었을지도 모른다.

모든 지난일은 늘 어제 같듯이 그날 호숫가를 걸었던 기억도 꼭 어제 일만 같다. 일정한 간격을 두고 걷던 모습이 점점 가까워지고 어쩌다 손이 부딪치면 싸한 전율이 온몸을 휘감았다. 그러나 누가 먼저 손을 잡지 못했고 그 어색함을 슬그머니 뒤로 한걸음 물러나는 것으로 처음 간격으로 되돌렸다. 해넘이가 시작하면서 산그림자가 짙게 내려오고 시간은 그렇게 빨리 흘렀다.

어느 날인가 남편과 공원에 산책 갔다가 군데군데 있는 연인들을 보며 우리의 젊은 날 탐색기시절을 떠올린 적이 있다. 걷기 좋았던 그날, 심장 뛰는 소리가 들릴까봐 조바심을 내던 떨림의 순간을. 그러나 쑥스럽게 웃으며 '참 좋은 시절이었지.' 하면서 아름다운 추억으로만 기억한다. 부부가 된 지금, 그날 같이 공유했던 수줍은 설렘의 느낌을 찾는다는 것은 당연한 실패다.

나는 요즘 글을 쓰면서 느낌 부재에 대한 경험을 수시로 한다. 내 글을 읽는 이에게 나만의 독특함을 전달하지 못할 때, 꼭 나타내야 하는 부분을 또는 상황이나 사건들의 느낌에 있어서 수시로 불가능이라는 판정을 할 때가 있다.

글을 어떻게 써야 되나? 한계라는 벽에 부딪혀 그만 실망하며 글쓰기에 대한 회의에 빠진다. 노력한다고 느낌이 오는 것일까, 느낌을 찾는다고 찾아지는 것일까, 사라지면 다시 돌아오는 것도 아닌데, 순간 내 몸을 덮치듯 다가오는 느낌도 어떻게 표현해야 할지 몰라 끙끙대기 일쑤다.

어느 문우의 이런 말이 생각난다. '모두 공감하는 이야기인데 난 왜 그렇게 표현하지 못쓸까' 누구나 그 말에 쉽게 고개를 끄덕인다. 어쩌면 표현은 느낌을 포착 할 수 있는 능력과 이어지는지 모른다.

나는 가끔 추상적이며 관념적인 글은 내 취향이 아니라며 내칠 때가 있다. 과연 읽는 사람이 어떠한 느낌을 받을까 생각해 보면서도 모두가 나와 똑같기를 바란다. 그것은 분명 오만이다. 작품에 대한 느낌과 감상은 읽는 이의 몫인데도 그렇다.

늘 걷던 길도 어제 다르고 오늘 다르다. 오늘 나를 사로잡았던 느낌이 내일이라고 똑같지는 않을 것이다. 어쩌면 친구도 아닌 연인도 아닌 관계에서 괜히 가슴 뛰었던 그 느낌을 부부가 된 지금에는 되돌릴 수 없는 것처럼, 글도 쓰면서 시간적 공간적인 것에 따라 제한을 받는 것은 당연한 일이다.

바람소리도, 빗소리도, 하늘에 구름이 지나가는 것도, 노을이 번지고 사라지는 것도, 그리고 예쁜 연인의 모습도 모두 마음에 스며들 것 같은 것들이 그냥 스쳐 지나가 버린다. 나는 그때마다 내 어디에도 저장되어 있지 않은 '느낌에 대한 즐겨찾기'를 수없이 클릭해 본다. 그러나 사라져버린 되돌릴 수 없는 것에 대한 아쉬움으로 가슴이 아릴 뿐이다. 모두가 재연 불가라는 것이기에….

어느 햇빛 좋은 날

며칠을 지루하게 내리던 장맛비가 멈췄다. 베란다 창문을 통해 들어오는 햇빛이 참으로 화사하다. 무슨 일인가 하고 싶은 충동이 생기는 날이다. 그동안 빗님 핑계로 미루어 놓았던 빨래를 하려고 아침부터 부산을 떨었다. 쾌청한 날씨 탓인지 손놀림도 가볍다.

주택에 살 때는 마당에 빨래 줄이 있어 좋았다. 빨래를 널 때마다 어디다 두고 온 물건처럼 생각난다. 바람에 이런저런 모양으로 휘날리는 옷가지를 바라보는 일은 아파트에선 상상할 수가 없다.

건조대에 널어놓은 빨래에서 물 냄새와 헹굼 세제의 향긋한 냄새가 베란다에 가득하다. 유난히 흰 빨래가 기분을 산뜻하게 한다.

대충 일을 마치고 나니 하루 시작인 신문 펼치는 일이 늦어졌다. 그런데 신문을 펴는 순간 식탁 한쪽에 있어야 할 지갑이 보이지 않았다. 지갑을 찾기 위해 여기저기 찾아보지만 없다. 어제 쇼핑을 하고 핸드백에 넣어 두었나 싶어 있는 백마다 전부 뒤졌지만 역시 없다. 백화점 매장의 물건에 정신 팔려 지갑을 놓쳤나 하고 생각을 더듬어 보지만 도대체 기억이 아리송하다.

어느새 나도 모르게 허둥대고 있었다. 어제 빠뜨렸나 싶어 여기저기 전화를 해 보았지만 바라던 답은 들려오지 않는다. 솔직히 지갑 속의 돈을 잃어버린 황당함보다는 없어진 신분증을 신고하고 만들 일이 더 심난 했다.

갑자기 남편 얼굴이 떠올랐다. 자신의 건망증은 선반 위에 올려놓고 나에게는 늘 정서 불안증이란다. 서로 이런 일이 비일비재 하다 보니 그때마다 그도 나도 정서불안증을 들먹인다.

신용카드 분실 신고 전화번호를 찾는 손도 더디다. 먼저 지급정지를 시켰다. 다행히 카드를 사용하지 않았다는 화답이 경쾌하게 들려왔다.

당장 급한 건 운전면허증이다. 없어서는 안 될 필수품이니 하루라도 빨리 재발급을 받아야한다. 타고 가는 버스 속의 시원한 공기가 짜증난 마음을 진정시킨다.

운전면허증은 오후 5시에 찾으러 오랬다. 더위 때문인지 아가씨의 짜증스런 목소리가 귀에 걸렸다. 그러나 다시 나올 힘이 없다.

몇 정거장이 지났을까? 번쩍 어떤 물체가 뇌리를 스쳤다. 지갑이었다. 혹시 그 가방에… 갑자기 버스가 더딘 감을 느꼈다. 버스에서 내리자마자 단숨에 집으로 달려와 신발을 내동댕이 치고 빨간 주머니 가방부터 뒤졌다. 가방을 여는 순간 이게 웬일인가? 잃어버렸다는 지갑이 덩그마니 그 안에 들어 있었다.

기가 막혔다. 그리고 몇 시간을 허둥댔던 내 행동에 허탈감 같은 것이 몰려오면서 두 다리의 힘이 고스란히 빠졌다. 그만 죄 없는 가방을 힘껏 내동댕이쳤다.

신용카드가 집에 있었으니 주운 사람도 없었을 것이고, 더더욱 나쁜 맘을 먹고 사용한 사람이 어디 있겠는가, 나도 모르게 얼굴이 화끈거렸다. 정말 너무도 화가 나 견딜 수가 없었다. 결국 애꿎은 빨간 가방에 또 한 번 분풀이를 하고 말았다.

지갑을 찾으며 허둥대던 그 시간, 그 가방은 왜 내 기억에서 분리되어 있었을까? 빨간 가방과 내 잠재된 심리와 무슨 관계가 있는 것은 아니었을까? 처음 일도 아닌데 알 수 없는 허탈감이 몰고 왔던 의문점들이 몹시 마음을 우울하게 했다.

누군가 그랬다. 찾아오는 것에 대해 공포감을 갖지 말라고, 건망증은 결코 나이 탓도 아니고 더욱 노화도 아니며 다만 서서히 찾아오는 하나의 변화라고…. 그러나 다행이다. 지갑을 찾고도 이 물건이 무엇일까 하면 치매라는데 어디 있는지 기억도 해냈고 그리고 내 지갑임을 알아차렸으니….

엿가락처럼 늘어진 몸을 거실에 뉘었다. 사각 창에 비치는 햇빛이 아직도 강렬하다. 하늘은 가을 같다. 마루의 시원한 한기가 온몸으로 서서히 스며든다. 언제나 처럼 조용히 중얼거린다.

아! 나는 치매는 아니다.

사랑해요

어느 날 도색 기술자였던 아내가 현장에서 일하다 20미터 아래로 추락했다. 그리고 식물인간으로 긴 잠에 빠졌다. 누구보다도 부부애가 좋았던 남편은 언젠가 아내가 깨어나리라는 기약할 수 없는 희망을 믿었다.

4년 후, 아내는 기적적으로 긴 잠에서 깨어났다. 그때 남편에게 한 아내의 어눌한 첫마디는 '사랑해요'였다. 그러나 아내는 지난날들을 잊어버린 다섯 살 지능의 아이가 되어 돌아왔다.

무엇하나도 스스로 할 수 없는 아내, 남편은 두 아이의 엄마로 한 남자의 아내로 살아온 지난날들을 하나 하나 찾아주려 한다. 그러나 모든 것을 망각했지만 유일하게 남편만은 기억했다. 사람의 몸은 우리가 알 수 없는 불가사의한 것들이 있는 것 같다.

어린아이가 된 아내는 남의 눈을 의식하지 못하고 남편에게 애정표현을 하며 "사랑해요"란 말을 입에 달고 산다. 하지만 남편이 잠시라도 자리를 비우면 불안증세를 보였다. 그러던 아내가 남편의 지극 정성에 보답이라도 하듯 조금씩 기억을 찾아갔다. 떼지 못했던 걸음도 아장아장 걷기 시작했다. 불편해 보이지만 천진하게 웃어 보이는 아내를 그윽하게 바라보는 남편은 그 모습마저도 사랑스럽고 대견하기만 하다.

얼마 전 TV에서 본 어느 부부의 이야기다. 남편은 차분한 목소리로 그 날이 언제일지 모르겠지만 예전의 아내로 돌아올 것을 확신하며 그날을 기다린다는 말로 끝을 맺었다.

집 엘리베이터에서 만나는 부부가 있다. 항상 밝은 얼굴의 아내와 무표정한 남편, 아직은 젊어 보이는데 그는 몸 한쪽을 쓰지 못했다. 아내의 손을 놓칠세라 온 힘을 다해 꼬옥 쥐고 있다. 아내는 눈인사로 낯익은 나에게 한마디 건넸다.

"날마다 운동을 해야 되거든요."

"고생이 많으시네요."

위로의 말이라도 건네고 싶은데 조심스러워 그 이상의 말은 하지 못했다. 그들의 안쓰러운 모습이 안돼 보인다는 내 속마음과는 달리 빙긋이 웃는 아내의 표정은 너무 평화로웠다. 늘 남편의 손을 잡고 어린아이 걸음마 시키듯 매일 집 앞 산책길을 걷고 있다. 그러나 같은 운명 속에 고락을 함께한다는 생각과는 달리 그들이 때론 힘겨워 보였다.

다섯 살 아이로 돌아온 아내에게 감사하며 연민과 사랑으로 돌보는 남편, 그리고 한쪽 몸의 기능을 잃어버린 남편을 어머니처럼 감싸는 아내, 평범하지만 특별한 느낌으로 오는 그들 모습에서 마음이 청량해진다.

같은 길을 묵묵히 걷는 그들의 동행이, 팽팽한 신경 줄이 느슨해진 우리네의 상식화된 일상을 새삼스레 생각하게 한다.

가끔은 서로의 사랑에 대해 부족함을 들키며 사소한 일로 마음에 흠집도 내며 그리고 화해하며 다시 뒤를 되돌아보는 연속을….

병동 소묘素描

아직은 어스레한 새벽5시. 밤근무 간호사들의 마지막 바이탈(vital) 체크가 있다. 반쯤 열어놓은 출입문 사이로 링거대를 밀고 가는 환자 모습이 보인다. 요란한 바퀴 소리가 병동의 적막을 깨트린다.

저이는 어디가 아픈 걸까? 구부정한 모습으로 한쪽 팔엔 수액제가 꽂혀 있고 옆구리엔 호스가 연결된 비닐 주머니가 매달려 있다. 혼신의 힘을 다해 한쪽 팔로 링거대를 밀며 지나가는 모습이 힘겨워 보인다.

하얀 벽에 한 장 남아 있는 달력이 눈에 들어온다. 벌써 병원에 들어온 지 일주일째다. 그리고 수술한 지는 4일째다. 아직도 온몸에 감각이 없다. 손가락 하나 움직이기도 힘들다. 나보다 하루 늦게 수술한 옆 병상 아가씨의 가녀린 신음소리가 병실을 더 무겁게 한다.

삶은 평온한 것만은 아니었다. 잘 자라준 아이들, 궤도에 오른 남편, 나의 울타리는 아늑함으로 가득했다. 그러나 안일하게 살고있는 나에게 느닷없이 몸이 말 좀 하자며 신호를 보내왔다.

뜻밖의 병명은 나를 알 수 없는 불안 속으로 밀었다. 남편은 일찍 발견할 수 있어 얼마나 다행이냐며 다독였다.

입원을 앞두고 무엇부터 해야 할지 마음이 바빴다. 먼저 큰 빨랫감부터 찾아 미리 세탁기에 돌렸다. 아이들 도시락 반찬을 준비하고, 다음엔 남편의 양복과 와이셔츠를 있는 대로 다림질 했다. 날마다 똑같이 반복되는 일들이었지만 예전 같지 않았다. 새삼 손 갈 곳은 많고 하루해는 너무도 짧았다.

며칠 걸린다던 병원 입실은 곧바로 다음날 연락이 왔다. 수술 날짜가 잡혔으니 오후 3시까지 들어오랬다. 남편의 재촉 속에 준비하는 손이 갈팡질팡 말을 듣지 않았다. 우선 아무것도 모르고 학교에 간 아이들이 걸렸다. 조금 늦더라도 아이들 얼굴 이라도 보고가면 어떻겠냐고 말을 건넸더니 일언지하에 거절 했다. 아이들은 병원에 오면 언제든지 볼 수가 있단다. 누가 그것을 모를까 나의 속마음을 조금도 헤아려 주지 않았다.

아이들에게 꼭 해야 할 말이 있을 것만 같아 식탁에 앉았다. 하지만 무슨 말을 써야 할지 그 어떤 말도 떠오르지 않았다. 아이들의 얼굴이 눈앞에 자꾸만 어른거렸다.

그렇게 난 쫓기듯 37병동에 들어갔다.

생과 사가 공존하는 수술실은 길고 긴 터널과 같았다. 그리고 4시간 동안의 무서운 여행을 무사히 끝내고 돌아왔다. 가까운 듯 멀리 들려오는 이동침대의 바퀴 소리와 사람들의 웅성거림이 귓가를 맴돌고 있었다. 어렴풋이 의식이 돌아왔을 땐 모든 세상은 뿌연 안개 속이었다.

사각창 틈서리에서 비집고 들어오는 싸늘한 바람이 살아있음을 느끼게 했다. 고통 속에 며칠을 보내고 나니 조금씩 운동을 하라는 주치의 지시가 떨어졌다. 그래야 회복이 빠르단다. 이렇게 살았는데 운동쯤이야 못하랴, 나역시 여느 환자처럼 수액제를 꽂고 몸엔 부속품을 달고 온 힘을 다해 링거대를 밀었다.

저편에 해쓱한 한 환자가 간호사들에게 작별하는 모습이 보인다. 아마도 퇴원하는 것 같다. 마른 몸매와 환하게 웃는 모습이 대조적이다. 얼마 후면 그가 비운 병실에 또다른 환자가 들어갈 것이다.

병동 복도마다 많은 사람들이 오고 갔다. 병문안 오는 사람들 물결에서 웃고 떠들며 지나가는 그들의 싱싱한 삶이 보기가 좋다.

링거대에 의지하여 다니는 환자들이 말없이 서로를 비켜갔다. 그들이 무슨 생각을 할지 짐작해 본다. 살아있음에 대한 고마움, 예전엔 생각지 못했던 가족에 대한 소중함, 한없이 마음을 졸이며 서성였을 자신들의 동반자에 대한 미안함도 있을 것이다. 수렁의 늪에서 헤쳐 나온 안도감 같은 것이 여기저기에서 몰아 나온다.

곳곳에 방향을 표시하는 질서 정연한 화살표가 병동을 알린다. 32병동이다. 다른 병동보다 의사 간호원들 발길이 더 분주하게 움직였다. 미처 보지 못했던 신선한 광경이 눈길을 잡아끌었다.

37병동과 32병동 사이 신생아실에서 투명한 사각유리를 통해 자신의 분신을 확인하며 기뻐 어쩔 줄 모르는 젊은 아빠의 모습이 아름답다. 잠시 발길을 멈추고 물끄러미 바라본다. 꼼지락거리는 몸짓이 신기하다.

갑자기 집이 그리워졌다. 날마다 엄마의 손길을 필요로 하던 두 아이들은 어떻게 지내고 있을지, 날씨가 추운데 옷이나 제대로 챙겨 입었을까? 손에 익은 일거리가 줄지어 있다.

옆에서 말없이 지켜준 남편이 한없이 고맙다. 슬며시 손을 내밀어 그의 손에 깍지를 끼어본다. 따스한 온기가 금방 온몸에 퍼진다.

하룻내 하늘이 내려 앉아있더니 창밖엔 겨울비가 부슬부슬 내리기 시작한다. 아무래도 더 깊은 겨울을 재촉하는 비 같다.

고통을 토해내는 병동에 가늘게 새어 나오는 신생아의 울음소리가 긴 여운을 남기고 있다. 새 생명의 울림이 힘을 솟게 한다. 아스라이 멀어졌던 삶이 새롭게 다가온다.

아. 살아있다는 것은 참으로 감사한 일이다.

훔쳐보기

걷기 운동을 시작했다. 언제부턴지 무릎이 자꾸 신호를 보내왔다. 게으른 몸은 조금도 걷기를 싫어한다. 기계도 쓰지 않으면 녹슨다고 너무 다리를 아낀 것 같다. 걷기 좋다는 호수공원을 바로 옆에 두고도 눈길 한번 주지 않았으니 어지간하다.

큰 결심이다. 이것저것 안 해 본 운동이 없지만 게으른 탓인지 아니면 인내심이 부족한 탓인지 항상 오래가지 못했다. 걷기 운동을 택한 이유는 그래도 쉽게 할 수 있다는 점이다.

빠른 걸음으로 공원 한 바퀴 돌면 한 시간이 걸린다. 공원은 늘 운동하는 사람의 행렬로 북적인다. 건강에 대한 관심도가 높음을 알 수 있다.

제일 먼저 메타세쿼이아 길로 접어든다. 한참을 올려다보아야 할 정도로 키가 큰 나무다. 하늘을 향한 열정이 대단하다. 걷고 있는 사람들이 한없이 작아 보인다. 푸른 공기가 콧속을 뚫고 폐부 깊숙이 파고들 때면 알 수 없는 행복감이 밀려온다.

공원을 걷다보면 이런저런 사람을 보게 된다. 대부분의 사람들은 나와 같이 걷기 운동을 하기 위해서 온다. 반대쪽에서 한 여자가 아령을 양손에 들고 빠른 걸음으로 오고 있다. 큰 선글라스와 파란색 아령, 꽃분홍 바지, 운동하는 사람치고는 화려한 모습이 사람들의 시선을 붙드는 것 같다. 몇 살쯤일까? 걷는 모습이 반듯하고 건강해 보인다. 안 본 척하지만 나 역시 자꾸만 시선이 간다. 그녀의 깨끗하고 정돈 된 집이 그려진다.

한적한 벤치에서 한 남자가 신문을 보고 있다. 옆에 얌전히 양복 상의를 접어놓았고 상체는 넓게 편 신문에 가려져 있다. 보이는 구두가 조금은 초라해 보인다. 누구와 산책을 나온 것일까? 그러나 산책이라고 하기에는 양복차림이 걸린다. 그때 그가 신문을 뒤집는다. 놓칠세라 얼굴을 본다. 흰 드레스셔츠에 넥타이를 맨 모습이 단정하다. 나이는 짐작할 수 없지만 그렇다고 일손을 놓을 나이로는 보이지 않는다. 그는 정말 신문을 보고 있는 것일까, 어쩌면 공원을 걷는 사람들이 자신을 어떻게 보고 있는지를 의식하며 신문 속에 몸을 감추고 있는지도 모른다. 짧은 시간이나마 그를 보면서 부디 그의 옆에 누군가 와서 앉아 주어 혼자 오지 않았다는 것을 보여 주었으면 하는 마음이 간절해진다. 실직한 어느 집 가장이 생각난다.

젊은 여자가 애완견을 데리고 내 앞을 가로질러 간다. 나도 모르게 뒤로 한걸음 물러선다. 그녀의 손에 쥔 줄이 조였다 풀었다 하는 것에 따라 개가 빨리 달렸다 천천히 갔다를 반복한다. 아무래도 사람 산책이 아니라 애완견 산책인 것만 같다. 그러나 녀석이 엉덩이를 실룩거리며 바쁘게 걷는 뒷모습이 귀엽다. 마치 경보를 보는 듯하다. 사람도 저렇게 걸으면 그냥 걷는 것보다는 운동이 될 것 같다는 생각이 든다. 나도 슬쩍 흉내 내보며 웃음을 참는다.

체격이 큰 여자가 과격하리만치 높이 팔을 흔들며 걸어오고 있다. 붉어진 얼굴과 웃옷에 온통 땀이다. 거친 숨소리가 가깝다. 아마도 그녀는 체중감량을 위해 나름대로 피나는 노력을 하고 있는 것 같다. 그래도 돈 들여 관리하는 그런 사람보다는 진한 땀을 흘리는 그녀가 가상하다. 그때 이어폰을 낀 젊은 여자가 바람을 일으키며 내 옆을 지나간다. 마른 외형만큼이나 걸음도 날렵하다. 그녀 뒤를 바짝 뒤따라가 본다. 그러나 역부족이다. 성격이 꽤나 급해 보인다. 절대로 살은 찔 것 같지 않아 보인다. 조금 느긋하게 걸었으면 싶은데 젊은 탓인가?

유모차에 아기를 태우고 젊은 부부가 반대편에서 오고 있다. 아기 엄마는 긴 캉캉치마에 낮은 슬리퍼를 신었고 아기 아빠도 반바지에 슬리퍼를 신었다. 공원 가까이에 사는 듯하다. 아기 엄마가 유모차를 미는 아기 아빠 옆에 붙어 뭐라고 쉬지 않고 얘기하고 있다. 꾸미지 않은 모습이 참 예뻐 보인다.

문득 나의 그런 시절이 떠오른다. 비록 유모차는 없었지만 이런 여름날 해가 지고 어둑해지면 이른 저녁을 먹고 남편이 딸아이를 안고 우리는 동네를 한 바퀴 돌았다. 그 무엇도 부럽지 않았던 그때가 얼마 전 일 같다. 이웃들이 우리 모습을 보고 물론 지금의 나처럼 똑같은 생각을 했겠지?

휠체어와 함께 있는 부부가 눈에 들어온다. 머리가 희끗희끗한 남편은 휠체어에 앉아 있고 부인은 그 휠체어 옆에 서있다. 잔잔한 해넘이를 바라보고 있는 그들이 평온하게 보인다. 분명 역경도 있었겠지만 서로를 놓지 않고 노후를 함께 하고 있는 지금을 고마워하고 있을 것만 같다. 갑자기 마음이 훈훈해지며 걸음이 가벼워진다.

공원 광장을 들어선다. 벤치 한자리에 두 여자가 앉아있다. 무슨 비밀 이야기라도 나누는지 귓속말을 하기도 하며 입을 가리고 웃기도 한다. 힐끔힐끔 그들을 바라보며 늘 나오는 버릇처럼 나이를 가늠해본다. 60대 초반쯤이나 되었을까, 나이와 맞지 않은 몸짓이 마치 소녀들 같다. 나도 그 나이쯤은 하면서 잠시 내 모습을 상상해본다. 순간 허리에 꼿꼿하게 힘이 들어간다.

이렇듯 스치는 여러 사람을 나도 모르게 훔쳐보며 그들의 낯선 삶을 무심코 기웃거린다. 그것은 어쩌면 나 자신을 들여다보는 일이기도 하다. 그리고 나와 끊임없이 묻고 대답하는 대화이기도 하다.

나의 걷기는 운동 그 이상의 것이다.

시행착오

"신랑 입장!"

넓은 어깨에 검은 연미복 예복이 잘 어울린다. 멋있다. 정말 내 아들인가? 그러나 그 모습이 왠지 낯설다.

가슴에 울컥 뜨거운 것이 올라오며 코끝이 맵다. 눈물이 나올 것만 같다.

예상치 못했던 뜻밖의 감정에 순간 당황하며 마음을 추스르기에 바쁘다.

첫아이인 딸아이는 태어나면서 삶에 큰 행복이었다. 초보 엄마였던 나에게 모든 관심의 중심이었다. 무의미한 몸짓에도 알아들을 수 없는 옹알이에도 사소한 모든 것 하나하나에도 특별하게 다가왔다.

초등학교를 들어가서도 엄마의 기대에 부응이라도 하듯 무엇이든지 최고의 자리로 기쁨을 주며 마음을 흡족하게 해주었다. 그런 한 가지 한 가지 결과가 엄마의 욕심을 더 부풀리는 시작이 되었다.

엄마는 자꾸만 더 많은 것을 채워주고 싶어 했다. 아이의 의사에 관계없이 엄마의 생각과 주장이 늘 먼저였다. 그러나 넘치는 것은 부족한만 못했다. 그런 환상은 결코 길지 않았다.

엄마들이 제일 무서워한다는 사춘기 중학교시절도 아이는 별 탈 없이 보냈다. 그러나 고등학교를 가면서부터 점점 주장이 강해지면서 엄마가 그렸던 그림에서 서서히 이탈하기 시작했다.

어릴 때 무엇이든지 따라 주며 순종하던 모습만 생각했던 엄마는 가끔은 절망하기도 하며 여전히 자신이 그린 그림에 맞추려고만 했다. 갈등은 불 보듯 뻔했다.

갈등의 시기는 한 해 한 해 보태졌다. 엄마의 그림은 형체가 불분명해지고 아이의 생각을 넣기 시작한 그림은 뚜렷해졌다. 엄마는 점점 지쳐갔고 언제부턴지 모르게 자신의 그림을 스스로 지우고 있었다.

엄마의 눈에 항상 아이로만 보였던 딸애는 그런 노파심이 무색하게 자신이 그렸던 그림에 당당히 주인공이 되었고 주저치 않고 자기 길을 갔다. 첫아이였던 만큼 엄마의 그림에 주인공이 되어주지 않았던 아이에 대한 섭섭함을 떨치는 데는 참으로 오래 걸렸다.

어느덧 딸애는 엄마가 자기를 낳고 행복해 하며 조그만 반응에도 특별하게 생각했던 그런 위치에 와있다.

엄마의 독선적 욕심이 자식과 부모의 관계를 망친다는 깨달음은 둘째인 아들에게는 일찌감치 그 마음을 내려놓게 했다. 자신의 주장과 생각을 주기로 한 것이다. 지금 생각해도 그때 난 친구 같은 엄마와는 거리가 멀었다. 어쩌면 나의 부족한 부분과 하지 못했던 것들을 채우려는 욕심이었는지 모른다.

우리나라 대부분 엄마들의 전부인 자식들 공부와 진로도 모두 아들의 생각에 맡겼다. 가끔은 멀리서 지켜 볼 수 있는 여유로움도 부렸다. 아들에게는 딸애보단 많이 관대했던 것 같다. 다들 어렵게 지나간다는 아들의 사춘기시기가 생각나지 않는다. 그만큼 아들에게 겪었던 모든 것들은 수월했던 것 같다.

누구나 대학만큼은 욕심을 부리는 것도 접었다. 대학의 순위보다는 좋아하는 과를 선택했다. 진즉 내려놓았다던 욕심이 수없이 꿈틀댔지만 내려놓음에 대한 간절한 최면이 그 위기를 무사히 잠재워 주었다.

이렇듯 멀리서 지켜봐주고 욕심을 내려놓으면 다 잘 풀린다는 평범한 순리를 깨달은 것은 20년이 넘게 걸렸다. 이 모든 지난날들이 의욕이 넘쳤던 젊은 엄마의 추억이 되었다.

요즘 새로운 기쁨과 즐거움에 빠져 살고 있다. 그것은 외손자 때문이다. 까맣게 잊어버렸던 육아법을 공부하며 딸 아들 키우면서 느끼지 못했던 시간 가는 줄 모르는 행복감에 젖어있다.

손자 녀석의 서투른 말 한마디가 몸짓 하나하나가 그저 신비롭고 경이롭기까지 하다.

이즈음 육아법은 옛날과 사뭇 다르다. 먹이지 말라는 것도, 하면 안 된다는 것도 너무 많다. 가끔은 지식 창고라는 인터넷을 뒤지며 손자에 대한 낯선 것에 답을 찾기도 한다. 대물림되는 유아법은 통하지 않는다. 격세지감을 느낀다.

문득 손자 녀석을 돌보면서 내 두 아이들을 키웠던 지난날이 떠오른다. 강압과 욕심으로 채웠던 딸, 아들에게는 그런 일을 되풀이하지 않으려 했던 보상심리, 다시금 나의 시행착오가 있음을 시인한다.

자기 자식을 낳아 키우는 딸애가 하는 말이 있다. 아이가 하고 싶은 것만 시킬 것이며 재촉하지 않고 느긋하게 지켜보겠단다. 나 역시 속으로 말한다. 엄마도 다시 그 시절로 돌아간다면 정말 잘하고 싶다고.

아들은 제 짝을 만나 얼마 전에 결혼을 했다. 이제 나의 시행착오는 없을 것이다. 딸이나 아들 인생은 모두 자신들 몫이기 때문이다.

참 홀가분하다.

잃어버린 인심

큰길에서 굽어 들어오는 동네 골목길은 100미터 남짓 된다. 이 골목길로 아침이면 야채며, 과일 등을 파는 트럭 2대가 들어온다. 사십대쯤 되어 보이는 중년부부와 조금은 앳되어 보이는 젊은 남자다. 그들은 약속이나 한 듯 항상 시간대를 엇갈려 골목길에 들어왔다.

우리가 이 동네에 이사올 때부터 보아온 중년부부는 웬만한 손님들의 가정사까지 훤히 꿸 정도로 오래되었고, 젊은 남자는 동네에 들어온 지 얼마 안 되는 신참내기다.

젊은 야채장수의 첫인상은 참 좋았다. 장사꾼이라고 하기엔 어딘가 어설펐다. 저렇게 장사해도 될까 싶을 정도로 덤으로 집어 주는 푸성귀는 언제나 한 줌씩 더 올랐고 저울에 달아주는 것들도 제 중량을 훨씬 넘겼다. 값도 매우 쌌다. 그래서 나이

지긋한 동네 아줌마들은 그를 금방 좋아했고 가끔은 반말까지 해대며 서슴지 않는 농담으로 친근감을 보이려 했다. 다소 함부로 하는 듯한 언행이었지만 그는 얼굴 한 번 찡그리는 일이 없었다.

"이렇게 이쁜 총각이 고된 장사를 어떻게 하나." 그에 대한 연민의 표시로 걱정반 위로반 말이 쏟아졌다.

차츰 사람들은 중년부부에게보다는 그가 오는 시간에 나올 때가 많아졌다. 그의 외모에서 풍기는 순진함과 선량함으로 동네사람들과 자연스레 가까워졌다. 그러면서 어쩌다 주고받는 말 속에서 그의 사사로운 이야기도 들을 수 있었다.

그는 얼마 전까지만 해도 조그만 회사에 다녔다고 했다. 그러나 어떤 이유에선지 몰라도 회사가 문을 닫으면서 일자리를 잃었고, 누군가의 권유로 야채장사를 시작했단다. 사실 얼마전까지만 해도 책상 앞에서 펜을 놀리던 처지였지만 모든 체면 다 뒤로하고 이런 일을 결정하기까지는 갈등이 많았노라고 했다. 뛰는 만큼 벌이가 괜찮다는 말을 들었지만 아직은 경험이 없는 탓인지 생각만큼 재미가 따라주지 않는다고 했다. 얘기중 뜻밖의 사실은 동네사람들이 이구동성으로 이쁜 총각이라고 불렀던 그가 결혼을 했고 돌배기 딸도 있다고 했다. 자신만 믿고 있는 아내와 딸을 위해 어떠한 고생도 감수할 거라며 열심히 해서 안 될 일이 있겠느냐고 앞날에 대한 낙관론을 펼치기도 했다. 사람들은 그의 별스럽지 않는 이야기를 가볍게 흘려

버리지 않고 신중하게, 어떤 때는 심각하게 받아주었다.

그는 시간이 갈수록 제법 장사 틀을 잡아갔다.

그날도 사람들은 그의 차에 모여 야채를 사느라 정신이 없을 즈음이었다. 어디서 많이 듣던 낯익은 목소리가 확성기로 울려 퍼졌다. 이른 아침이면 오던 중년부부가 느닷없이 들어오고 있었다. 갑자기 분위기가 술렁거렸다. 그의 단골이었던 사람들의 손길이 바빠지면서 하나둘 흩어지기 시작했다. 젊은 야채장수에게 몰려있던 사람들이나, 아무것도 모르고 들어왔던 부부 야채장수나 모두 당황해 하는 빛이 역력해 보였다. 그러나 어색한 순간도 잠깐, 부부 야채장수는 경륜 있는 상인답게 확성기를 끄더니 아무말 없이 차를 돌려서 나갔다. "저 아저씨 이 시간에 웬일이야." 하며 돌아서 나가는 트럭 꽁무니에 한마디씩 던졌다. 예전의 가까웠던 시절이 언제 있었나 싶을 정도로 냉랭했다.

다음날 이른 아침 부부 야채장수는 아무렇지 않게 골목길에 나타났다. 그 일이 있은 후 두 야채장수는 서로에게 경쟁자가 있다는 사실도 알게 되었고 각자의 시간을 침범하지 않기 위해 제 시간들을 고수했다.

그런데 지난여름이다. 순탄하게 장사를 잘 하던 젊은 야채장수에게 예기치 않았던 일이 생겼다. 전날 그가 맛이 있을 거라고 장담하며 팔았던 참외에서 문제가 생겼다. 멀쩡해 보이는 참외가 속이 전부 상했다며 변상해 달라는 이웃여자의 항의였다. 세상에 그럴 수가 있느냐며 흥분해서 퍼붓는 말을, 그는 황당한 모습으로 듣고만 있었다. 한참 동안 여자의 일방적인 억지 말만 듣고 있더니 드디어 참을 수 없었던지 평소에 그답지 않는 격앙된 말을 뱉어내고 말았다.

"물건 파는 장사꾼이 참외 속까지 어떻게 압니까."

"아니 신용을 제일로 하는 장수가 그런 무책임한 말이 어디 있어요."

"난 몰라요."

말대답이 있으리라고는 생각지도 않았던 그에게서 정작 그런 말이 나오자 주위사람들은 적지 않게 놀랐다. 당연히 '미안합니다.' 라는 사과의 말을 기대했는지도 모른다. 서로 옥신각신 말씨름을 하고 있는 그들을 사람들은 강 건너 불 구경하듯 그저 멍하니 지켜볼 뿐이었다. '장사하는 사람이 손해 볼 때도 있는 거지.' 누군가의 입에서 흘러나온 말인지 젊은 야채장수를 나무라 듯 들려왔다.

끝나지 않을 것 같았던 두 사람의 입씨름은 여자가 트럭에 먹다 남은 참외를 내동댕이치고 집으로 들어가면서 끝났다. 골목 분위기는 찬물을 끼얹은 듯 냉기가 돌았다.

그는 변함없이 골목길을 찾았다. 하지만 예전처럼 잘하던 농담도 줄었다. 분위기도 서먹서먹하여 전 같지 않았다. 어떤 오해인지 아니면 사실에 근거한 건지 그에 대한 좋지 않는 소문까지 꼬리에 꼬리를 물었다. 값이 바싸니, 이제는 덤을 덜

주니, 사람이 달라졌느니, 이러쿵저러쿵 많은 말들이 들려왔다. 어느새 그에 대한 신뢰도는 무너져가고 있었다.

사람들의 입방아 위력은 대단했다.

그의 쓸쓸한 뒷모습을 볼 때가 많아졌다. 언제부턴지 확성기로 울려 퍼지던 그의 목소리도 뜸해져 갔다. 처음엔 그런 일에 개의치 않아 보였던 그였지만 흩어져버린 동네사람들의 마음을 잡기엔 역부족이었다. 일이 이렇게 되기까지의 상황을 뻔히 알면서도 모두가 관심 밖인 듯 상관하지 않았다.

그리고 얼마 후엔, 그가 왔음을 알리는 골목길의 흐트러지는 웃음소리도 왁자지껄한 말소리도 들을 수 없었다.

장사에 길들여지지 않았던 그, 적당한 타협은 정말 어려운 일이었을까? 떠날 수밖에 없었던 이유가 어쩌면 아무도 자기 편에 서주지 않았던 골목길의 차가운 시선이었을지 모른다. 서로 입장을 바꾸어서 생각했다면 새로운 타협의 여지도 생겼으련만. 그의 어쩔 수 없었던 선택을 이해해 보려한다.

사람들은 예전처럼 이른 아침에 오는 부부 야채 차로 모여들었다.

귀(耳)에 대한 짧은 이야기

보청기

아버지는 생전에 TV 보기를 무척 좋아하셨다. 집에 계실 때는 거의 TV 앞에 앉아 있다. 스포츠 중계가 있을 때면 선수들 움직임에 따라 아버지도 몸을 이리저리 움직이며 보신다. 그리고 입이 들썩들썩하며 보고 계실 때가 있는데 그것은 드라마에서 악역의 주인공이 나올 때였다. 들으나 마나 "저런 나쁜 놈 같으니라고." 하실 것이다. 때로는 눈가가 촉촉이 젖어 있다. 분명 슬픈 장면이다. 이렇듯 TV만 보면 아버지는 화면에 푹 빠져 갖가지 감정을 다 드러냈다.

아버지는 늘 보청기를 끼고 계신다. 특별히 귓병을 앓으신 것도 아닌데 60이 넘으시면서 귀가 어두워졌다. 보청기는 아버지에게 없어서는 안 될 필수품이었다.

우리 식구들은 아버지와 이야기를 나누려면 언제나 목소리를 높였다. 아버지는 상황에 따라 보청기를 뺐다 끼웠다 했는데 특히 어머니의 싫은 말이 길어지면 슬그머니 보청기를 뺐다.

가끔 어머니의 목소리가 집이 떠나가도록 커질 때가 있다. 그날은 어머니의 못마땅한 말이 듣기 싫어 보청기를 빼고는 다시 귀에 꽂는 것을 잊어버린 때다. 어머니는 아버지의 그런 속마음을 다 알고는 "보청기요." 하며 더욱 큰소리로 외쳤다. 그런 일이 있으면 난 눈치껏 얼른 아버지 귀에 보청기를 꽂아 드렸다. 그리고 오빠들과 서로 흘끔거리며 웃음을 참았다.

이젠 그런 아버지가 안 계신다. 우리 곁을 떠난 지 열 손가락이 훨씬 넘었다.

무병장수

어머니는 오 남매 중 둘째였다. 그러니까 아들만 넷 있는 집에 고명딸이었다. 꽃나이 열아홉에 아버지한테 시집와 가난한 집 막내며느리가 되었다.

어머니는 항상 그러셨다. 당신이 그동안 살아온 얘기를 책으로 쓰면 몇 권의 소설이 될 것이라고. 고된 시집살이며 젊은 날 고생한 것이며 이런저런 이야기 보따리를 풀어놓으면 한편의 드라마 같았다.

외할머니께서 그 고명딸을 가난한 아버지에게 시집 보낸 이유는 단 한 가지였다. 비록 가난하지만 아버지의 너무도 선한 인상과 법 없이도 살 것 같은 착한 심성이었다. 풍성한 물질에 길들여진 지금의 젊은 세대들에게는 어디 상상이나 할 수 있는 일인가?

어머니는 병약한 아버지에게 시집와서 집안에 실질적인 가장 노릇을 하였다. 아버지가 건강이 안 좋으셨는데 살림을 꾸려 나가랴, 막내 며느리였지만 늙은 시모까지 모시랴, 여간 고생이 아니었다. 그런 어려움 속에 사는 어머니를 보고서 외할머니는 두고두고 가슴 아파했다고 한다. 그러나 우리 형제들이 다 제자리에 설 수 있었던 것은 어머니의 그런 희생이 있기 때문이다.

내 머릿속에는 늘 씩씩한 어머니만 계셨다. 지금 생각해 보면 어머니가 크게 편찮으신 적이 없었던 것 같다. 아버지 때문에 병원 갈 때 말고는 당신 위해서는 한 번도 병원 간 일이 없다. 젊으셨을 때는 건강, 그 재산 하나로 버틴 것이다. 어머니는 우리가 아프면 너희 아버지 닮아서 병치레가 잦다고 말했다.

이젠 구순이 되신 어머니는 매일 여기저기 아프다고 한다. 온몸이 구석구석 쇠약해져 지금 어머니의 건강은 예측할 수 없는 일기예보와도 같다.

난 문득문득 어머니의 큰 귀를 본다. 크고 잘생긴 귀가 부처님

귀 못지 않다. 관상학에 보면 귀가 크면 무병장수한다고 한다. 어머니의 귀를 볼 때마다 빈말이 아닌 듯 싶다는 생각이 든다. 그런데 우리 오 남매 중 어느 하나 어머니 귀를 닮은 사람이 없다.

이명

아버지는 생전에 귀가 운다는 말을 자주 했다. 그때는 그 말을 관심 있게 듣지 않았다. 솔직히 말하면 귀가 운다는 말이 무슨 뜻인지도 몰랐다. 어디가 눈에 띄게 아픈 데가 없으니 병원에 모시고 갈 생각을 못했다.

어머니는 아버지가 그런 말을 할 때면 속이 허해서 그런다며 그날 밥상에 고기를 올렸다. 어머니의 그럴 듯한 논리였다. 그리고 득달같이 영양제도 사왔다. 그러면 아버지는 그 약을 열심히 드셨다.

참 신기한 일이었다. 아버지는 영양제를 먹으면 거짓말처럼 귀가 운다는 말을 하지 않았다. 정말 그 덕인지는 알 수 없다.

난 이즈음 이명에 시달리고 있었다. 날카로운 물체가 머리를 찌르는 듯한 통증과 함께 귀에서 삐-이 삐-이 하며 무전 치는 소리가 계속 들려왔다. 아이들에게 들여다보라며 귀를 들이댔다. 아이들이 아빠가 무전을 친다며 우스개 말로 넘겼다.

하루, 이틀, 간헐적으로 계속 들려왔다. 정신이 혼란스러웠다. 예전에도 어쩌다 이명이 있었지만 잠깐이었다. 아무래도 이번엔 심상치 않다.

병원에 갔다. 의사는 병명을 일종의 신경통이라고 했다. 신경통은 말초신경의 경로나 분포에 따라 발작적으로 일어나는 통증이란다. 근래에 잠을 못 잤거나 스트레스 받은 일이 없었느냐고 물었다. 하루 정도 약을 복용하면 괜찮을 거란다. 법석을 떨었던 것치고는 조금은 싱거운 병이다. 큰 병은 아니라니 다행이다. 병원에서 가져온 약은 먹지 않기로 했다. 나도 아버지처럼 영양제를 먹기 시작했다.

아버지의 귀에서도 나처럼 똑같은 소리가 들렸을까? 귀를 탁탁 치며 손가락으로 귓속을 후비던 아버지의 아련한 모습이 가슴을 파고든다.

꿈은 무엇인가요?

허름한 양복에 볼록하게 나온 배, 어색하게 웃는 모습에 부러진 앞니가 보인다. 심사석으로 카메라가 이동하고 있다. 심사위원들의 시큰둥한 모습이 잡힌다.

"저 사람은 누구야."

정말 아니라는 듯 고개를 살래살래 흔들고 있다. 전주곡이 나오고 그가 노래를 부르기 시작한다. 곡명은 푸치니 오페라 투란도트의 아리아 〈공주는 잠 못 이루고〉였다. 감성적인 목소리가 관객들을 집중시킨다. 중간쯤 되었을까, 이 노래의 클라이맥스인 고음부분을 배 아래 깊은 곳에서 끌어올린다.

갑자기 관객석이 술렁인다. 심사위원들도 벌떡 일어난다. 그의 맑은 테너의 고음이 무대 전체에 울려 퍼진다. 처음 자신감 없는 그의 모습은 온데간데없다.

그때다. 관객들은 너나없이 기립박수를 아낌없이 치기 시작한다. 심사위원인 한 여성은 진정한 감동에 빠져 눈물을 흘리고 있다. 이 모습은 '유 투브' 인터넷 동영상을 통해 세계적으로 퍼졌다.

그는 못생긴 얼굴 때문에 늘 왕따였다. 가진 것이라고는 아무것도 없었다. 오직 노래를 부를 수 있는 좋은 목소리뿐이었다. 교통사고, 병원생활, 그로 인한 생활고, 안 좋은 일들이 그의 곁에서 떠날 줄을 몰랐다. 그는 휴대폰 세일즈로 근근이 살아가면서도 오페라가수가 되고 싶었던 꿈을 포기하지 않았다.

그의 등용문은 영국 방송국의 '브리짓트 갓 탤런트'란 평범한 사람들의 노래경연대회였다. 그는 오매불망 꿈꾸던 가수를 그곳에서 우승을 하면서 꿈을 이룬 것이다. 그는 지금 당당히 자신의 앨범을 내고 팝페라 가수로 활동하고 있다.

그의 이름은 폴포츠이다.

젊은 날, 나의 꿈은 무엇이었을까 생각해 볼 때가 있다. 그런데 딱히 떠오르지 않는다.

요즘 공부하는 아이들에게 꿈이 무엇이냐고 물어보면 갖가지 대답이 나온다. 과학자, 외교관, 판사, 의사가 되는 것, 심지어는 대통령까지…. 아이들의 꿈은 그렇게 화려하고 높았다.

나도 어린 날 어렴풋한 꿈을 더듬어본다. 초등학교 4학년 때 교생선생님이 실습을 나왔다. 너무도 예쁜 여선생님이었다. 그때 처음으로 나도 커서 예쁜 교생선생님처럼 되어야지 하는 꿈을 가졌다. 그러나 그 꿈도 잠깐이었던 것 같다.

어느 날 글짓기대회에서 상을 탔다. 반 아이들의 부러운 시선을 받으며 '난 다음에 제일 글 잘 쓰는 사람이 되어야지.' 했다. 그리고 중학교를 올라가 교내 음악회 때 바이올린을 멋지게 켜는 학교 친구를 보면서 바이올리스트가 되고 싶다는 생각도 했다. 악보 하나 제대로 볼 줄 모르면서 그런 생뚱맞은 꿈을 꾸었다. 하지만 바이올린 준비가 만만치 않으리라는 짐작을 하면서 우리 집 형편에 가당치도 않는 꿈이라며 쉽게 그냥 접었다. 지금 생각해 보면 꿈이라기보다는 그때 들었던 〈타이스명상곡〉의 아름다운 선율에 취해서 헛꿈을 가졌던 것 같다.

그렇게 특별한 꿈도 없이 공부하고 유일하게 취미이자 특기였던 글쓰기로 특별활동반인 문예반에 들어간 것뿐이었다.

여고 시절, 유행처럼 여러 앙케트 목록을 만들어 친구들끼리 돌려가며 썼던 기억이 있다. 그 항목 중 첫 번째가 '장래 꿈은 무엇인가요?'였다. 그 답은 대부분이 현모양처라고 썼다. 생각해 보면 웃음이 나온다. 나도 어쩌면 현모양처라고 썼을 것만 같다. 참 소박한 꿈이다. 그 시절만 해도 여성들의 사회진출이 부정적인 시선이 더 컸던 영향도 있을 것 같다. 말 그대로 나는 결혼을 하여 두 아이의 엄마로 한 남자의 평범한 현모양처가 되었다.

그런데 한참 늦은 이때에 꿈을 생각하게 되었다. 그것은 문필가가 되는 것이었다. 학교 다닐 때는 그저 슬렁슬렁했던 글쓰기, 그냥 무심히 시간을 보내고서야 문필가라는 꿈을 꾸었다.

늦다고 생각할 때가 가장 빠르다며 위안 아닌 위안을 하며 꿈을 만들었다. 학교 다닐 때 글짓기에 소질이 보인다는 선생님 한마디를 새삼스레 떠올리며 지금이라도 제대로 못한 것에 대한 꿈을 갖자, 설사 그것이 허황된 것이라도…. 그런 충동이 물밀듯 머릿속을 채웠다.

지금 누가 "꿈은 무엇인가요?" 묻는다면 "나의 꿈은 좀 더 나은 수필가가 되는 것입니다." 하고 말할 수 있을 것 같다. 글 쓰는 사람이라면 누구나 꿈꾸는, 한 편의 글이라도 잘 쓰는 그런 대중의 문필가.

어릴 적부터 오페라가수가 꿈이었던 폴포츠는 30대 중반의 나이에 그 꿈을 이루었다. 어찌 보면 늦은 나이도 아니다. 그가 꿈을 이룰 수 있었던 것은 누가 뭐래도 그 꿈을 포기하지 않고 끝없는 열정을 버리지 않았다는 것이다. 꿈은 꾸는 자에게만 이루어진다고 하지 않았던가.

나는 잊고 살았던 꿈을 이제야 간절히 생각한다.

4부

해넘이, 알 수 없는 유혹
어머니의 전화
그해 봄 목련
생각나고 때로는 그리운 것
세상의 아버지들
그만큼만
어느 봄날 이야기
돌아온 화초장

해넘이, 알 수 없는 유혹

낯선 작가의 추상화 개인전이 마음을 끌었다. 날을 잡아 그곳 갤러리를 찾았다.

난 그림에 대한 특별한 전문 지식은 없다. 그렇다고 또 특별하게 좋아하는 그림의 종류도 없다. 신문이나 TV의 문화란에 소개되는 전시회를 보고 그냥 마음이 끌리면 가서 감상하는 편이다. 그리고 나름대로 느낀다.

추상화 앞에 서면 다른 그림에서 느끼지 못한 묘한 감정에 빠진다. 작가는 어떤 생각으로, 어떤 의미를 두고 그리는 것일까? 무엇을 말하고 싶은 것일까? 항상 갖는 궁금증이다. 형태가 뚜렷치 않는 질펀한 색채, 자유로운 선의 움직임, 작가 마음대로 붓을 움직이는 자유로움이 때로는 무질서로 다가온다.

'하늘 땅 그 중간', '뜨락', '추월산의 바람', '기억의 땅', '분화',

'해변', '잎새' 등 그림에 붙여진 제목들이 군더더기가 없다. 소재는 대부분 자연이란 것을 알 수 있다. 작가의 반항적인 거친 붓 터치가 강하다.

문득 자연을 망가뜨리는 우리 인간들의 횡포를 고발하는 것은 아닐까 하는 생각을 하게 된다. 미래에 대한 어두움이 보인다. 그러나 어두운 것만은 아니다. 순하고 화려한 색채가 밝은 미래를 암시하는 것도 같다.

'토질'이란 대작 앞에 섰다. 마른땅과 젖은 땅이 뒤엉켜있는 듯한 거칠함, 향토적 서정이 물씬 풍기는, 정리 안 된 시골의 흙 밭 같다. 갑자기 맨발로 들어가고 싶은 충동이 일었다.

어린 날 맨발로 진흙 밭을 들어갔던 촉감을 상기한다. 미끄덩한 진흙이 발가락 사이로 뽀르륵 소리를 내며 빠져나갔다. 발가락이 간지러웠다. 얼마나 부드러웠던가, 나도 모르게 발가락을 꼼지락거리고 있다. 토질의 흙 밭은 어떤 느낌일까?

평론가들의 말에 의하면 추상화는 인간의 내적 표시라고 한다. 굳이 그런 평이 아니더라도 그림 속 색채의 뒤엉킴으로 보아 알 수 없는 혼돈 같은 것이 보인다. 어쩌면 작가는 자연에 대한 순리를 강력하게 주장하고 있는지도 모르겠다. 충동의 추측이 난무하고 있다. 그런데 바로 옆 작은 작품 하나가 강하게 내 마음을 잡았다.

〈해넘이〉, 소품이다. 벌써 내 시선을 꽉 잡고 놓아주지를 않는다. 쭉 보아온 그림과는 분위기가 전혀 다르다. 마치 수묵

화의 번짐을 본 듯하고 맑은 수채화 같다. 작가의 또 다른 색채 기법이다.

낯설지 않는 풍광인 것 같아 친근감이 간다. 붉은빛과 보랏빛의 뒤섞임, 그 사이 사이에 물빛과 잿빛, 오묘한 색채의 번짐이 마치 고요한 수면 위에서 흔들리고 있는 해넘이의 빛깔과 똑같다. 그렇지? 분명 그렇게 보인다는 최면이 가슴을 마구 뛰게 했다.

우리 아이들이 유년시절부터 청소년시기까지 보냈던 작은 집. 서울 문산 간 기찻길이 내다보이고 창문을 통해 비스듬히 난지도에 걸린 해넘이가 있었다. 쓰레기가 쌓여 만들어진 곳이라고는 생각되지 않는 난지산의 노을, 늘 창 앞에서 서면 계절에 따라 다르게 보여주는 아스라한 해넘이는 일상에 큰 기쁨이며 위안이었다.

멀리 머리만 보이는 건물들은 일찍이 황금빛으로 빛나고 작은 창으로 보이는 반쪽 하늘은 온통 불그레한 빛으로 물들인다. 그 안에 수줍은 해는 조금씩 몸을 낮추는 겸손함을 보이며 가녀린 첼로 음이 사라지듯 모습을 감춘다. 우리는 그런 해넘이의 황홀함을 보며 얼마나 행복해 했던가?

그리고 서울을 떠나 또 다른 느낌의 해넘이를 보게 된다. 그것은 김포대교에서였다. 어느 날 집으로 돌아가는 길에 뜻밖의 고즈넉한 풍광을 만난다.

다리 위에서 바라보는 해넘이, 우선 넓은 회백색 하늘은 여백의 미가 깔끔하다. 바라보기도 버거운 해는 사위에 붉은

빛을 엷게 물들이며 여운을 남긴다. 움직일 듯 말 듯 한 은근한 기품이 근엄하다고 할까? 사람들은 그 앞에서 하루를 생각할 것이다.

난지산의 해넘이와 김포대교에서의 해넘이, 각도가 다른 두 풍광은 그렇게 사뭇 달랐다. 이제는 해돋이를 본다. 창이 많은 지금의 집은 동남향이다. 이 방 저 방에서 각도만 조금씩 다른 해맞이를 한다.

순식간에 힘차게 불쑥 모습을 드러내 하루의 시작을 알리는 해돋이. 해넘이에서 보는 오묘한 색채는 없다. 마음을 보듬는 잔잔한 너그러움도 조금은 부족해 보인다. 성미 급한 무뚝뚝한 남자의 마음이랄까? 그래서 때로는 섭섭하다.

이곳에 살면서 가끔은 해넘이를 그리워하고는 한다.

작품에 푹 빠져있는 나에게 누군가 다가왔다.

"마음에 드시나 보죠?"

"아예."

"그림은 그냥 와 닿는 대로 받아들이면 후회가 없을 거예요."

난 그날 해넘이의 알 수 없는 유혹에 빠져 빨간 스티커를 주저 없이 붙였다.

'해넘이', 그 작은 그림 앞에서 어느 곳에서도 느낄 수 없는 흔치 않는 또 다른 해넘이를 경험한다. 지평선 너머 사부작사부작 내려앉는 해의 안착을 그려본다. 그리고 난 하루를 묵도한다.

어머니의 전화

"에미다. 왜 그리 소식이 없냐."

전화 드린 지가 며칠 전인 것 같은데 어머니에게 있어서는 며칠도 기나긴 시간이다. 분명 또 어머니는 혼자 계시는 쓸쓸함에 이야기 친구를 찾아 전화를 한 것이다. 아직까지도 나를 막내라고 부르는 노모의 사랑은 변함없이 지극하다.

광주에서 맞벌이하는 둘째 오빠 내외와 사는 어머니는 온 식구들이 썰물처럼 빠져나간 크나큰 집에 혼자 남으면 서울에 사는 자식들 집으로 전화를 한다. 특별히 할 말도 없으면서 그 적막함을 자식들 목소리 듣는 것으로 외로움을 달랜다.

아버지를 먼저 떠나보낸 어머니는 몸과 마음이 몰라보게 황량해진 것 같다. 혼자 남은 어머니를 자식들이 아무리 신경을 쓴다고 한들 아버지가 옆에 계실 때만큼 못한 것 같다. 우리가 하는 많은 전화로도 마음의 허전함을 채울 길이 없는지 어머니는 다시금 당신이 전화를 했다.

어머니는 우리 5남매의 전화번호를 다 기억하고 있다. 정말 기억력만큼은 뛰어나다. 귀도 무척 밝은 편이다. 그런데 시력은 시원치가 않은지 어느 날부턴가 자꾸 눈앞이 침침하다며 손수건으로 눈자위를 찍어냈다.

어머니는 전화만 하면 시간 가는 줄을 모른다. 그리고는 전화라는 사실을 까마득히 잊어버리고 이야기 속으로 빠져든다. 집안의 사소한 일로부터 성당에서의 일이며 또 이웃 이야기로 심지어 집에서 키우는 진돗개 이야기 등 갖가지 화제가 끊임없이 이어진다. 그렇게 이어지는 어머니의 이야기는 서울에 있는 4남매 집으로 돌아가면서 되풀이된다. 똑같은 말에 똑같은 감정으로….

어머니의 전화를 듣고 있노라면 왠지 자꾸 슬픈 생각이 든다. 지금은 다들 성장해 제 둥지를 만들어 떠나버린 당신의 분신들을, 과연 어머니는 어떤 의미를 둘까? 마땅한 답이 생각나지 않는다. 그러나 분명한 것은 어머니에게 있어 당신의 5남매는 울타리였고 삶의 전부였으리란 생각이 든다. 그런데 그동안 어머니를 우리의 삶에서 얼마만큼 비중을 두었을까 하는 의문 속에 참을 수 없는 자책감을 느끼곤 한다.

나는 어린 시절 어머니가 다른 어머니에 비해 늙었다는 이유만으로 싫어했던 적이 있다. 초등학교 5학년 때이다. 나는 반 아이 어머니들이 학교에 찾아오는 것이 어린 마음에 그렇게 부러울 수가 없었다. 그래서 어머니에게 한번만 학교에 와 달라고 졸랐다. 어머니는 나의 이런 마음을 짐작하기라도 한 듯 당장 다음날로 학교에 오셨다. 모처럼 고운 옷차림으로 오신 것이 너무도 내 마음을 흡족하게 했다.

지금 기억으로도 그 하늘빛 두루마기를 입은 어머니의 모습은 참으로 보기 좋았다. 그런데 한 아이가 어머니를 보고 할머니가 왔다는 것이다. 난 할머니란 말이 너무 충격적이었다. 속상한 나머지 눈물까지 나왔다. 왜 우리 어머니는 이렇게 늙었을까 하고 어머니를 원망했었다. 사실 아이들이 볼 때 오십이 넘은 어머니가 할머니로 보였을지 모른다. 생각하면 참 철없던 시절의 이야기다.

반 아이들이 할머니라고 했던 하늘빛 두루마기를 입은 어머니의 모습과 지금은 꼬부라져 작아진 어머니를 비교해 보면서, 그래도 나는 그때의 어머니 모습이 때때로 그리워진다.

어머니에게 그 이야기를 꺼낼 때면 항상 이런 말씀을 하신다.

"그 땐 풋각시였제…."

맞는 말인지 모른다. 지금의 어머니 연세로 보면 분명 그 시절은 풋각시였을 테니까.

사람이 늙어 감은 무엇인지, 헤아리기도 버거운 연륜은 어머니에게서 모든 빛을 빼앗아 갔다.

언젠가 어머니가 그렇게 열심인 전화도 끊길 날이 있으리라.

그리고 어머니의 여린 숨결도, 귓전을 맴도는 목소리의 여운도 들을 수 없을 것이다. 그러나 어머니는 변함없이 우리들 옆에서 버팀목으로 건재해 계실 것이다. 참으로 고마운 일이다.

그해 봄 목련

집 골목 어귀에 들어서면 담 위로 목을 길다랗게 올리고 있는 목련의 꽃봉오리가 눈에 들어온다. 언제 봐도 그 은은함은 사람의 마음을 사로잡는다. 나는 그런 아름다운 목련꽃을 볼 때마다 이제는 먼 망각 속에 묻혀버린 모습들이 어렴풋이 생각이 나곤 한다.

20여 년 전 일이다.

키가 유독 컸던 그는 부인과 함께 사내社內의 정원에 피어 있는 목련꽃을 구경하고 있었다. 우윳빛 목련꽃과 그가 입은 빨간 티셔츠의 화사한 봄햇빛까지 거들어 모든 이의 시선을 한눈에 끌었다. 그는 햇별을 좇아 병원 창가에 서 있는 간호사들을 향해 환하게 웃으며 손을 흔들었다. 그 환한 웃음은 병마와 싸우는 환자라고는 상상도 못할 만큼 건강하게 보였다. 그러나 그런 행복한 모습은 찰나에 불과했다. 그처럼 한 폭의 그림과도 같았던 아름다운 모습은 훗날 지워지지 않는 마음 아픈 영상이 되어 버렸다.

그를 처음 만난 것은 나이팅게일 선서를 마치고 햇병아리 간호사로 한 기업체의 부속병원에 근무하게 되면서였다. 그때 그는 회사를 쉬면서 사택에서 요양 중이었다.

그에 대한 사연을 듣게 된 것은 얼마 뒤였다. 몇 개월 전 암선고를 받고 수술을 했으나 이미 다른 장기로 전이가 된 상태이며 특별한 치료법도 없이 하루하루를 진통제로 보내고 있다고 했다. 그래서 통증이 한번 오기 시작하면 언제든지 왕진을 가야 한다며 일러주었다.

모든 것이 초보인 상태에서 그에 대한 이야기를 듣고나자 은근히 겁부터 났다. 그리고 그를 본 순간 잔뜩 주눅이 들고 말았다. 백지장처럼 창백한 얼굴이며 병마에 찌들어 사람의 윤기를 상실한 그의 모습은 쉽게 다가갈 수가 없었다. 더구나 주사를 놓을 때면 실수도 잦아 주삿바늘을 두세 번씩 찔러야 했고 그때마다 나도 모르게 흐르는 땀으로 목욕을 할 정도였다. 그는 놀랍게도 얼굴 한번 찡그리지 않고 잘 참고 견뎠다. 그러다 슬며시 통증이 가라앉고 나면 무척 미안해했다. “내 모습이 참 흉하죠? 내가 빨리 나아야 다들 고생을 덜 할텐데….” 인사 받기도 민망스러웠다. 그는 자꾸 초라해져가는 자신의 모습에 무척 신경을 쓰는 듯했다.

그렇게 왕진을 끝내고 병원으로 돌아오면 몸과 마음은 물에 젖은 솜덩이처럼 무거웠다. 언제부턴가 그의 상태에 따라 모든 간호사들 기분도 명암이 달라졌다.

아플 때만이 왕진을 하는 것은 아니었다. 섭생이 제대로 되지 않으니 영양제를 맞는 일도 필수였다. 통증이 없는 날 그는 참 온화하고 편안해 보였다. 그런 날이면 추억을 회상하듯 자신에 대한 옛 이야기를 술술 풀어놓았다.

그는 한때 원양어선을 타던 마도로스였다. 마도로스란 직업에 반해 배를 탔고 세상과 단절된 바다에서만 살았다. 그러나 부산서 부인을 만나면서 결혼을 했고 불혹의 나이에 귀한 외동딸을 얻었다. 그는 딸을 보자 배를 타지 않았다. 늦게 본 딸의 재롱이 발길을 붙잡았던 것이다. 그동안 배를 타면서 자신을 너무 돌보지 않아 몹쓸 병에 걸린 듯 깊은 회한에 빠지기도 했다.

그는 끔찍이 딸을 아꼈다. 무엇보다도 어린 딸을 위해 꼭 병을 낫고 싶어 했다. 그도 여느 아버지와 똑같이 자식에 대한 사랑은 누구와도 다를 바가 없었다.

병세는 호전되다 악화되다 시소게임을 보는 것 같았다. 그런데 한동안 병세가 휴식기에 접어든 듯 그는 말끔한 모습으로 회사로 산책을 자주 나왔다. 회사 직원들도 완쾌된 모습처럼 나온 상사에게 인사를 건네기에 바빴다. 그런 위태한 외출을 보는 병원 식구들은 편치 않았지만 혹, 기적이 일어나

려나 하는 막연한 기대도 가져보았다. 하지만 그런 상상은 며칠 안되어 깨지고 말았다.

갑자기 부인으로부터 다급한 전화가 왔다. 정신없이 달려갔을 땐 이미 그의 의식은 스러져가고 있었다. 병마는 인정사정 보지 않고 사람을 망가뜨리는 잔인함이 있었다.

생에 대한 질긴 애착도 죽음이 끌어당기는 힘에는 맥없이 무너졌다. 아, 마지막이란 것이 이런 것일까? 침울하고 혼란스러운 긴 시간이었다.

그는 가족과의 아름다운 기억을 뒤로하고 젊은 아내와 그렇게 못잊어 하던 사랑스런 딸과 이별을 했다. 죽음의 뒤안길엔 허무감과 황량한 쓸쓸함만이 있었다.

한동안 목련이 서 있는 자리에 눈을 돌리지 못했다. 그해 봄 유난히도 아름답게 꽃을 피웠던 목련에게서 뿜는 알 수 없는 섬뜩한 느낌이 무서움증으로 다가왔다. 그렇게도 화사하게 만개했던 목련의 꽃망울은 언제 져버렸는지 어느새 아기 손바닥만한 야들야들한 잎새가 돋아 있었다.

오랫동안 두문불출하던 그의 부인이 병원을 찾아왔다. 친정인 부산으로 떠난다며 작별인사를 했다. 볼 때마다 허옇게 메마른 입술과 충혈된 눈으로 자신이 처해있는 고통을 털어놓으며 간호사들에게 위안을 얻고자 했던 그녀였다. 이제는 지쳐버린 몸과 마음을 쉬고 싶다며 그동안 고마웠노라고 했다. 무표정하게 나가는 그녀의 뒷모습을 보면서 알 수 없는 연민으로 한없이 마음이 짠했다.

그가 떠나고 얼마 후, 정해진 순서처럼 부인과 딸이 떠났다. 그러면서 흐지부지 그의 자취는 모든 사람들의 망각 속으로 묻혀갔다. 시간이 약이었다.

해마다 봄이 오면 골목 여기저기에 피어있는 목련꽃을 본다. 많은 세월이 흘렀지만 그때의 안타까웠던 기억이 눈앞에 어른거리곤 한다.

생각나고 때로는 그리운 것

1. 단내

먼 어린 시절이다. 어머니를 따라 외가를 가려면 시내버스를 탔다. 버스가 많지 않았던 시절, 귀한 버스를 타는 일은 외가에 간다는 기쁨보다 버스를 타는 즐거움으로 마음을 한껏 들뜨게 하였다.

외가에 들어서면 큰외숙모가 한결같이 뛰어나와 우리를 살갑게 맞아주고는 했다. 그렇게 다정다감한 외숙모였지만 난 주뼛거리며 어려워했다.

어머니와 난 제일 먼저 외할머니 방으로 건너간다. 외할머니는 언제나 나를 아랫목으로 깊숙이 끌어들여 엉덩이를 토닥

거려 주셨다. 그리고는 벽장 속에서 곶감을 꺼내 놓으며 자꾸만 먹으라고 했다. 곶감, 한과는 외가에서 떨어지지 않는 먹을거리였다.

말이 별로 없었던 외할아버지는 언제나 근엄하셨다. "왔느냐?" 한마디 하시고는 고작 머리 한 번 쓰다듬어 주는 것이 외손녀에 대한 사랑의 전부였다. 그런 외할아버지가 어렵고 어느 때는 무섭기도 했다.

외가 앞마당에는 큰 감나무가 두 그루 있었다. 외할머니 방 아랫목은 언제나 따뜻했고 단내가 났다. 난 그 단내가 좋아 코를 킁킁댔다.

어머니는 가끔 나를 외가에 떨쳐놓았다. 어머니를 따라 집에 가고 싶다가도 외할머니가 "아가, 할미 옆에 있자잉." 하는 한마디에 슬그머니 어머니 손을 놓았다. 사실은 외할머니 방에서 끊임없이 나오는 먹을거리 유혹 때문이기도 했다.

잠 잘 때가 되면 꼭 외할머니 방으로 건너갔다. 외사촌 언니가 같이 자자며 붙잡았지만 소용없었다. '아가.' 하며 품어주시던 외할머니의 인자한 다독거림 속에, 방안 가득히 배어있는 단내를 맡으며 잠이 들었다.

어린 날, 포근하게 느껴졌던 외할머니 방 단내가 문득 그리워지고는 한다.

2. 나프탈렌 향

초등학교 시절 친구들이 어머니를 보고 할머니라고 했다. 아이들의 그런 놀림 때문에 어머니가 학교 오는 것조차 싫어 했던 적이 있다.

난 막내라는 이유로 한참 커서도 어머니 아버지와 함께 잠을 잤다. 물론 그때는 내 방이 따로 있을 정도의 생활도 아니었지만 그저 어머니 옆에서 자는 것만으로 좋았다.

어머니는 누구보다도 생각이 앞서 있고 생활력 강하고 자식들에게 희생적이었다. 어머니 생각이 나면 낡고 작은 화초장에 손이 간다. 항상 머리맡에 놓고 쓰셨던, 나에게 남겨주신 유일한 유품이다.

문을 열자 낯설지 않는 냄새가 밀고 나온다. 순간 나도 모르게 손이 멈칫 한다. 어머니 체취일까? 그러나 이내 머리를 젓는다. 방충제 향 같기도 하고 화창한 날 햇빛에 말린 보송보송한 빨래에서 나던 바람 냄새 같기도 하다. 뭐라고 뚜렷이 표현할 수 없다. 그저 막연하다.

살아생전 어머니는 화장하고는 거리가 멀었다. 젊은 시절에는 살기에 바빴고 나중에 딸들이 사다준 화장품도 늙어서 무슨 화장이냐며 잘 쓰지 않았다. 항상 민낯의 어머니에게는 흔한 화장품 향내 한번 나지 않았다. 어쩌다 외출하시는 어머니의 치마 자락에서 언뜻언뜻 스치던 나프탈렌 향 같기도 한, 분간할 수 없는 향이 찰나에 지나가고는 했다. 아련한 어머니의 향기는 늘 멀리서 아른거리는 아지랑이와 같았다.

언제나 어머니 품에서 살았던 것 같은데, 지금도 내 마음속에 여전히 살아 계신데, 어머니는 자꾸만 나에게서 멀어지려 한다.

3. 체취

성인식을 맞던 해 아들은 군 입대를 했다. 잡고 있던 치마꼬리를 놓고 엄마 품을 떠나는 첫 예행연습인 셈이다.

아들이 첫 울음을 터트리던 날은 몇 십 년 만에 찾아온 몹시도 추운 날이었다. 무엇이 바빴던지 한 달을 앞당겨 그것도 체중미달로 세상 밖으로 나왔다. 그리고 생후 10여 일이 지나면 자연적으로 소멸되는 신생아 황달로 인해 병원신세를 져야 했다. 그 후에도 아들은 잦은 병치레로 수시로 놀라게 했다. 그러다 보니 또래의 아이들보다 성장이 더뎠다.

아들이 다섯 살 때다. 유치원이 끝나면 날마다 아이를 집에 데리고 왔다. 그런데 그날은 어디를 갔다가 조금 늦게 갔더니 아이가 보이지 않았다. 간 곳을 몰라 우왕좌왕하고 있는데 마침 그런 나를 보고 유치원 근처의 옷가게 주인이 뛰어나왔다. 애가 울고 있어 데리고 들어왔다고 했다.

아들은 엄마를 보자 그만 울음보를 터트렸다. 아이를 품에 안자 놀라서 뛰고 있는 심장 박동이 가슴으로 전해왔다. 아이의 심장 박동을 그렇게 크게 느껴본 건 처음 이었다. 늘 엄마를 놀라게 했던, 연약한 모습만 머리에 각인된 아들은 지금도 다섯 살 어린애만 같다.

군 입대 일주일이 지나자 아들 옷이 보내왔다. 모든 모정이 그렇듯이 그 특별한 물건은 나를 슬프게 했다. 땀내와 체취가 배인 옷가지들, 내내 그것들을 껴안고 훌쩍였다.

다섯 살 여린 아들의 아스라한 심장박동 소리가 가슴을 파고 들었다.

세상의 아버지들

초저녁이지만 길거리엔 사람의 발길이 뜸했다. 운동시각이 가까워지자 마음은 바쁜데 칼바람이 자꾸만 앞을 가로막았다. 요가원이 가까워 올 무렵 한 남자가 길을 오가는 사람들에게 우유를 나눠주고 있는 모습이 눈에 들어왔다.

"저, 우유 하나 받아가세요."

그러나 어느 누구도 그 우유를 받아가려 하지 않았다. 아니, 눈길도 주지 않았다. 그는 나를 보자 얼른 또 내게 우유를 내밀었다.

"사모님, 그냥 드리는 것이니 우유 받아 가세요."

그냥 드린다는 말이 부담스러워 나 역시 모른 체하고 지나쳤다. 그는 계속 "사모님 사모님." 하며 붙잡을 기세로 불렀다. 나도 모르게 걸음이 빨라졌다. 뒤에서 사모님이라고 부르는 소리가 차가운 겨울바람에 섞여 아득히 들려왔다.

운동하는 내내 집중이 되지 않았다. 그가 다급하게 따라오며 부르는 소리가 머릿속을 떠나지 않는 것이다. 어떻게 시간을 채웠는지 모르게 운동을 마치고 나왔다. 곧바로 그가 있는지를 두리번거렸다. 한 시간 가까이 지났는데 있을 리 없다. 혹시나 있을까 했던 마음은 나의 위안이었다. 유독 추워 보이던 그의 옷차림이 자꾸만 떠올라 우유를 받지 않았던 것이 더욱 후회스러웠다. 왠지 고달픈 삶을 살아가고 있는 것만 같은 추운 그의 모습이 오래도록 잊히지 않았다. 그 후로도 계속 요가원 근방만 가면 누군가를 찾듯 주위를 둘러보고는 했다.

그 겨울을 보내고 그가 잊힐 무렵, 어느 날이다. 아파트 장날이던 그날, 야채나 살까 하고 나갔다. 그런데 북적이는 장터 귀퉁이에서 한 남자가 주부들에게 우유를 주고 있었다.

"사모님, 우유 받아가세요 그냥 드립니다."

낯익은 목소리에 귀가 번쩍 띄었다. 지난 겨울 찬바람 속에 듣던 그 목소리였다. 난 뜻밖에 그를 보고 반가운 마음으로 바삐 다가갔다. 분명 그였다.

"아저씨 저도 우유 하나 주실래요."

"아, 예. 대학에서 나온 우유인데 품질이 좋고 맛도 고소하고 진합니다."

내 속내를 알 리 없는 그는 제 발로 찾아온 고객을 놓칠세라 허리를 굽히고 최대한 공손한 모습으로 나를 대했다. 두말도 않고 다음날부터 집에 우유를 넣어 달라고 하였다. 그러자 그는 어디론가 재빠르게 달려가더니 포장된 상자 하나를 가져와 우유를 신청하신 분들께 드리는 사은품이라며 내밀었다. 그런 물건을 받는다는 것이 쑥스러워 한사코 안 받아도 된다며 사양했더니 그가 말했다.

"부담 갖지 마세요, 감사해서 드리는 거예요. 한 달 드셔보시고 맛이 없으면 안 드셔도 되구요 맛이 괜찮으시면 꼭 몇 개월만 드셔 주십시오."

그냥 먹어달라고 강요하는 것이 아니고 먹어보고 결정하라고 하였다. 믿음이 없는 듣기 좋은 말에만 익숙한 요즘 세상에 그의 말이 신선하고 신뢰감이 갔다.

낮에 보는 그의 인상은 깨끗했다. 30대 후반 아니면 40대 초반쯤 되었을까? 추운 겨울 그때처럼 오가는 주부들을 연신 '사모님'이라고 부르며 우유를 건네주었다. 갈수록 가정 우유 배달이 없어지는 때에 쉽지 않는 일을 하는 사연이 있는 것만 같은 그가 공연히 짠했다. 습관처럼 또 그의 전직이 무엇이었을까 짐작해본다.

경제가 어려워지면서 명예퇴직이다 구조조정이다 해서 한창 일할 나이에 가정을 책임져야 할 많은 아버지들이 길거리로 나왔다. 가정이 흔들리는 예도 있었다. 퇴직금 받아서 새로운 일을 시작해보는 사람들이 많았지만 성공하는 경우는 그리 흔치 않았다.

아서 밀러작 〈세일즈맨의 죽음〉의 주인공 윌리 로우맨을 생각한다. 그도 성공을 꿈꾸며 최선을 다해 성실하게 사는 전형적인 세일즈맨이었다. 그러나 사회적인 성공의 벽은 너무도 높았다. 차고 올라오는 젊은이는 많았고 나이는 먹어가고 결국 해고까지 당한다. 그는 자식에게 아무것도 물려줄 수 없음을 알고 자신이 죽으면 보험이라도 있지 않을까를 생각한다. 결국 자동차 사고의 죽음을 택한다. 그러나 그의 죽음으로 나온 보험금은 빚갚는 데 써야만 했다. 오직 가족을 위해 희생하며 열심히 살았지만 그의 마지막은 너무도 외롭고 보잘것없었다.

두 어깨에 무거운 짐을 지고 험난한 사회로 날마다 뛰어드는 세상의 아버지들, 설사 아내와 자식들을 고생시킨다 해도 그것은 그들의 탓만은 아닐 것이다. 가족을 위해 어떠한 일도 열심히 하는 그들의 삶이 슬프지만 아름답다.

길거리에서 한 사람의 우유 고객을 잡기 위해 애쓰고 있는 지금의 그도 가족을 책임진 가장일 것이다. 지친 하루를 '안녕히 다녀오셨어요' 하는 아이들의 사랑스런 인사가 큰 힘이 될 것이다. 아내의 따뜻한 밥상을 받으며 피로를 잊고, 매번 아내와 머리를 맞대고 작은 가게라도 갖는 소망을 설계할지 모른다.

그가 누군가에게 '감사합니다' 하는 말이 멀리 또 들려오고 있었다. 순간, 열심히 사는 그의 가정에 해피엔딩이 보인다.

그만큼만

아버님이 입원하셨다는 어머님의 전화다. 이유인즉 허리에 심한 통증으로 X-레이를 찍었는데 척추 뼈 두 개가 금이 갔다는 것이다. 어머님은 그동안 있었던 일을 긴 이야기로 며느리에게 경과보고를 하기 시작했다. 어머님은 또 그렇게 스트레스를 풀고 계셨다.

"어미야, 내 말 좀 들어봐라잉. 고집불통 영감쟁이 같으니라고, 구순을 바라보는 그 나이에 무슨 회춘을 허것다고 부석부석한 몸뚱이에 지압을 한다 또 운동을 한다 때리고 문지렀으니 뼈가 온전하것냐, 원 사람이 나이에 맞게 살아야재……."

아버님은 누구보다도 건강에는 둘째가라면 서러워할 정도로 자신감이 넘치는 분이었다. 서재에는 갖가지 건강기구며 건강에 대한 정보들이 넘친다. 책이나 신문에서 스크랩 해놓은 것들이 여기저기에 가득 쌓여 있다. 어머님하고 잦은 다툼이 있는 이유도 발 디딜 곳 없이 방안 가득 메우고 있는 그런 것들 때문이다.

연세에 비해 아버님은 정말 건강하셨다. 그동안 편찮으신 데도 없었고 하루도 빠지지 않고 등산을 다닐 정도였다. 어쩌다 조금 몸이 안 좋은 신호를 보내면 바로 알아차리고 처치를 하는 신속함을 보였다. 그러나 이젠 그런 건강한 민첩함도 생각의 옳고 그른 판단도 모두 추억에 불과하다.

3년 전 아버님은 깊은 감기로 폐렴을 앓았다. 노인들이 폐렴을 앓으면 회복하기 어렵다는 말과는 달리 그 고비를 잘 넘겼다. 그러나 그 후부터 병원을 들락거리기 시작하더니 이런저런 병명으로 입원 퇴원을 반복하였다. 아버님도 건강을 자신하다 당신의 의지와 관계없이 자꾸 병원신세를 지게 되자 예전의 건강에 대한 관심이 집착으로 변해 갔다.

아버님 방에는 건강기구라는 것들이 하나 둘씩 들여지고 이제는 당신이 만드신 알 수 없는 기구들까지 합쳐서 늘어져 있다. 어느 날부턴가 바깥출입이 자유롭지가 않자 그런 기구들로 아버님 나름대로 개발한 갖가지 운동을 했다. 그러나 과한 것은 부족한 것만 못하는 법, 그만 뼈에 금이 가는 사단이 벌어진 것이다.

우리 부부가 시골에 내려가자 아버님은 허리에 보조기구를 끼고 계셨다. 아들 내외를 보자마자 당신 병에 대해 길게 설명을 하며 이것쯤은 꼭 완쾌될 거라 호언장담을 하셨다. 옆에 계신 어머님은 벌써 불만이 가득한 심란한 표정이 역력하더니 기어코 한마디 하셨다.

"내 말을 안 들어 저래야, 옆에 있는 사람이 죽는 줄 모르고 내 고생덩어리여."

늘 건강관리 잘하신다고 칭찬하며 동조하던 우리들도 언제부턴가 아버님의 지나친 건강 과잉병과 누구 말도 듣지 않는 고집 때문에 마음고생하시는 어머님 편이 되고 말았다.

어머님의 평소 말씀은 '나이에 맞게 살아야제.'였다. 그 말뜻은 특별한 것이 아니다. 몸도 마음도 나이에 맞게 움직이라는 것이다. 그러나 아버님은 마음이 앞서다 넘치고 만다. 아들이 의사 말 잘 듣고 몸 생각해 무리하지 말라는 걱정스런 당부는 언제나 그냥 지나가는 말에 불과하다.

문득 살아생전 늘 하시던 친정어머니 말이 생각난다. 어머니는 몸이 아프시면 그만큼만이라는 말을 입버릇처럼 하셨다. 그만큼만은 외할머니가 돌아가신 연세 89세를 말하는 것이었다.

89세 되시던 해, 노환으로 출입도 못하고 자리 보존하고 계실 때, 어머니는 입버릇처럼 하던 말을 또 하셨다

"우리 엄니가 꼭 이 나이에 가셨써야, 항시 나도 그 나이 그만큼만 살았으면 했는디 그만큼 살았으니 이제 가면 좋것다."

친정어머니 소원은 당신 어머니가 사신 그만큼만 사시는 것이었다. 그러나 죽음은 누구에게나 꼭 한번은 올 것이지만 때

맞추어 가고 싶다고 마음대로 선택되는 것은 아니었다.

어머니는 당신의 그만큼만인 아홉수를 넘겼고 진심인지 아닌지 모르는 너무 오래 산다는 말을 수없이 하셨다. 그리고 다음해 90세도 넘겼고 결국 92세 되던 해에 예고도 없이 가는 불꽃이 꺼지듯 힘없이 떠나셨다.

요즘은 사람들의 건강에 대한 관심과 의학의 발달로 수명이 80세을 넘어섰다고 한다. 이제는 관리를 잘하면 100세까지 간다니 사람의 욕심인지 의학의 성과인지 모르겠다.

아버님 지론은 스스로 건강관리 잘해서 최대한 장수하시는 것이다. 아직도 지적인 것에 대한 호기심이 많으신 아버님, 그리고 그 연세에도 변함없이 마음만은 청춘이신 아버님의 최대한에 왠지 짠한 연민이 간다.

갑자기 이런 생각을 하고 있는 나에게 묻는다. 그럼 너의 그만큼만은 몇쯤이냐고….

얼른 생각 정리에 들어간다. 꼭 해보고 싶은 일이 있던가? 참, 딸 아들 결혼도 시켰으니 그리고 손자 손녀도 보고 싶은데, 그럼 앞으로 몇 년 후지?

선뜻 나의 그만큼만의 숫자는 쉽게 나오지 않을 것 같다. 과연 사람의 욕심은 어디까지 일까?

어느 봄날의 이야기

1.

남들은 호상이라고 말한다. 그러나 어머님은 당신 한쪽을 떠나보낸 허전함에 한없이 외로워 하셨다. 그저 미안하고 섭섭하고 때로는 밉고 시원하다며, 뭐라고 딱 집어 표현할 수 없는 70여 년 애증의 세월은 다 부질없다 한다.

아버님을 그렇게 보내고 한동안 마음 둘 곳을 몰라 힘들어 하던 어머님이 어느 날 정신 돌아온 사람처럼 언제 그랬냐며 털고 일어났다.

아버님은 5년을 넘게 편치 않은 몸으로 수없이 병원을 들락거리다 가셨다. 그런 이유에서일까 털고 일어난 어머님은 제일 먼저 당신 건강검진부터 하셨다. 살아생전 아버님이 당신은 혈압 관리 잘하고 살찌지 않게 운동만 잘하면 오래 살 것이라고 말씀을 하셨단다.

어머님의 지난겨울은 춥고 길었다. 그러나 마음을 다스리며 잘 참아냈다. 수시로 외롭다는 말을 하던 것도 하지 않았다. 그러면서 이런 말을 했다.

"사람은 혼자 있으나 여럿 있으나 다 외로운 것은 똑같어야."

생각지도 않았던 어머님의 심경 변화였다.

날씨가 제법 따뜻해졌다. 꽃망울을 맺기 위해 나무에 꽃눈이 올라오기 시작한다. 어머님은 어느 날 복지관에다 일주일에 두 번 하는 일어 반에 등록하고 오셨다. 그래도 당신은 일제 때 공부를 해서 일어를 아직 잊지 않아 다시 해보기로 하셨단다. 쓰는 것은 많이 잊어버렸지만 회화는 아직 자신감이 있으시단다. 그리고 또 하루는 교회 문화센터 노래교실에 등록을 했다.

한 주일에 세 번을 나가게 되었다. 무리한 것 아니냐는 며느리의 말에 그래야 쓸데없는 잡념이 없어진단다.

"집에 오면 일어 복습하고 성경도 읽어야 하고 TV도 봐야 하고… 바쁘게 생겼써야."

어머님의 외로움 털기는 거창하지는 않지만 나름 계획성 있게 잘짰다며 스스로에게 대견해 하셨다. 그리고 며느리에게 수업 중에 있었던 일을 끊임없이 보고한다.

"에미야, 선생님이 나한테만 질문 한당께, 보면 나맨큼 하는 사람이 없어야 날보고 일본서 살다왔냐고 해야."

정말 활기 넘치고 자신감도 있어 보인다.

"에미야, 내일은 날씨가 따뜻하단디 무신 옷 입고갔거나잉."

88세인 어머님의 화려한 봄날은 그렇게 시작되었다.

2.

시작의 꿈은 참으로 컸다.

두 아이들이 어느 정도 컸고 살림에도 조금씩 무료해지기 시작했다. 항상 목말라 하던, 뭔가에 도전하고픈 마음이 꿈틀대기 시작한 시기였던 것 같다.

학교 다니면서 취미로 즐겼던 글쓰기를 해보기로 하며 움츠린 자신감을 달래며 수필반에 입문했다. 그리고 서툴지만 할 이야기가 많은 사람처럼 두서없이 쏟아냈다. 칭찬을 받을 땐 말할 수 없을 만큼 기뻤고 때론 혹하게 듣는 평에 상처를 받으며 우울해하기도 했다.

어느 정도 시간이 지나니 등단이라는 권유를 받았다. 처음 권유에는 생각이 많았다. 등단 할 만큼의 실력이 될까, 그러나 자꾸 듣다보니 결국 그 말에 휩쓸려 슬그머니 욕심을 부리고 말았다. 그리고 등단했다.

정말 기뻤다. 첫 마음의 열정이 글을 열심히 쓰게 했다. 글을 쓴다는 자부심도 생겼다. 그리고 얼마 후 첫 수필집이 세상 밖으로 나왔다. 여기저기서 격려의 메일을 수없이 받았다. 아마도 첫 마음의 결실이지 않았나 싶다.

그 시간은 길지 않았다. 철없이 뛴 망둥이 임을 알게 되면서 글쓰기의 어려움이 오기 시작했다. 글 내기를 망설였다. 스스로 쓰지 못했음을 자백하며 원고를 보내지 않은 적도 있다.

문득 누군가 했던 말이 생각난다. 사실 글을 쓰다보면 등단 작품만큼 좋은 글이 쉽게 나오지 않더라고….

분위기 전환이 필요했다. 그런데 위축된 그 분위기 살리기가 결국은 또 책 발간이었다. 그동안 지면에 실린 글을 모아 두 번째 수필집을 발간했다. 그러나 아쉬움은 처음이나 마찬가지였다. 부족함을 숨길 수가 없었다.

언제부턴가 글쓰기가 줄었다. 소재부족도 부인할 수 없다. 잘 쓰지 않으니 늘지 않은 것은 당연하다. 청탁 주신 분에 대한 예의도 가끔 망각할 때가 있다.

수없이 많은 책들도 여전히 배달된다. 그러나 미처 읽지 못한다. 점점 글 쓰는 횟수가 줄면서 책도 멀어져가고 있다. 그런데 난 이 마음도 저 마음도 아닌, 수필에 대한 미련을 왜 버리지 못하고 붙들고 있는지 모르겠다.

겁 없던 99년 3월 등단하던 그 해가 새삼 그립다. 나의 열정과 노력이 넘친 글쓰기의 봄날이었으므로….

돌아온 화초장

"에미 가믄 니가 가져가라잉."

내가 시골에 갈 때마다 하시던 말씀이다.

아침이면 마른 수건으로 여기저기 닦는다. 나를 생각하며 날마다 닦았을 어머니의 정성이 느껴진다. 칠이 벗겨져 있고 몸 곳곳에 생채기도 있다. 40여 년, 사람으로 치면 한참 멋을 풍기는 전성기이지만 그러나 그것은 왠지 늙어 보인다.

오래전 어느 날 어머니는 안방 윗목을 치우셨다. 무엇인가를 놓을 자리를 만드시는 것 같았다. 그리고 그날 오후에 빨간색 바탕에 자개로 만든 모란꽃이 피어있고 여기저기 백동장식이 있는 아담한 몸집의 농 하나가 들어왔다.

어머니는 그것을 화초장이라고 하셨다. 〈흥부전〉에서나 들었던 화초장을 나는 처음으로 보았다. 어머니는 그것을 쓰다듬으며 이리저리 보고 또 보셨다.

"니 시집가면 줄라고 했어야 이쁘지야?"

아직 공부도 끝내지 않은 막내딸 혼수를 장만하셨다는 것이다.

"농 기술자가 그만둔다고 허길래 미리 했당께."

어머니는 친구 집에서 봤다는 화초장이 너무 좋아 보여 나를 주려고 벼르고 별러 장만했다고 하셨다. 더구나 기술자가 일을 그만둔다고 하니 퍽도 마음이 바쁘셨던 것 같았다.

그러나 내 혼수로 장만했던 화초장은 정작 가져 갈 수가 없었다. 좁은 신혼방에는 그림의 떡이었다. 어머니는 그것을 주지 못해 안타까워 하셨다. 다음에 큰 집으로 이사를 가게 되면 가져가겠노라고 말씀드렸다. 그렇게 화초장은 주인을 따라 가지 못한 채 어머니 방 윗목에서 긴 잠을 잤다.

"어쩌거나, 언능 이것을 가져가 써야 할텐디…."

그러나 난 해년마다 이사하기에 바빴고 큰집으로 이사하면 가져가겠다던 화초장은 차일피일 미루며 가져오지 않으면서 어머니의 옷장이 되어갔다.

"니 줄라고 헌 건께 언제라도 꼭 가져가라잉. 쓸모가 많은께."

당신이 쓰게 되었다는 사실에 미안해하는 눈치였다. 그러나 나는 어느 정도 살림이 나아지고 조금 큰방이 있는 곳으로 이사를 해서도 여전히 놓을 자리가 없다며 가져오지 않았다. 그러면서 화초장은 점점 나이를 먹고 처음 아름답던 모습은 새로 나오는 디자인에 밀려 자꾸만 뒤쳐져갔다. 그리고 주인인

내 기억에서마저도 점점 잊혀 갔다.

어머니도 자꾸 가져가라는 말을 하기에 지쳤는지, 아니면 가져가기를 귀찮아하는 내 속내를 눈치챘는지 차츰 화초장에 대한 얘기를 하지 않았다.

그러던 어느 날, 거동을 못하고 누워만 계시던 어머니는 당신이 가실 날이 가까워짐을 느꼈는지 나에게 유언처럼 화초장 얘기를 꺼냈다.

"니것을 내 것 맨치로 30년 넘게 써버렸지야, 내가 어렵게 장만 헌건게 나 죽드래도 버리지 말고 니가 가져갔으믄 좋것다."

"버리긴요, 가져갈게 걱정마세요."

그 말을 들은 어머니는 안도 하시는 듯했다.

어머니가 떠나신 후 화초장은 주인에게 돌아왔다. 그것을 보는 순간 가슴에서 뜨거운 무엇이 목으로 올라왔다. 어머니가 나한테 오신 것만 같았다. 그날 내내 '어머니'를 부르며 화초장이 닳도록 닦고 또 닦았다.

가끔 물끄러미 화초장을 바라볼 때가 있다. 어느덧 나하고 동거한 지 여러 해가 되었다. 이 핑계 저 핑계 대며 가져오지 않았던 그것이 지금은 그렇게 친근할 수가 없다. 조심스레 자물쇠를 빼고 옷장을 연다. 어머니 치맛자락에서 언뜻언뜻 풍기던 나프탈렌 향내가 물밀듯 밀려 나온다.

현대수필가 100인선Ⅱ · **26**

정광애 수필선

5년의 뜨거웠던 삶

초판 인쇄 2016년 10월 05일
초판 발행 2016년 10월 10일

지은이 정광애
펴낸이 서정환
펴낸곳 수필과비평사 · 좋은수필사
주소 서울시 종로구 삼일대로 32길 36(운현신화타워 빌딩) 305호
전화 02)3675-5635, 063)275-4000 팩스 063)274-3131
등록 제 300-2013-133호
이메일 sina321@hanmail.net essay321@hanmail.net

ISBN 979-11-5933-053-7 04810
ISBN 979-11-85796-15-4 (전100권)

값 7,000원

이 도서의 국립중앙도서관 출판예정도서목록(CIP)은 서지정보유통지원시스템 홈페이지(http://seoji.nl.go.kr)와 국가자료공동목록시스템(http://www.nl.go.kr/kolisnet)에서 이용하실 수 있습니다.(CIP제어번호: CIP2016023793)